悲劇を繰り返さないための

労働災害
調査分析の手引き

4Mの基礎から演習まで

畑 英志 著

Man

Machine

media

Management

中央労働災害防止協会

はじめに

　労働災害を防止するためには、日常から危険を予測し危険の芽をつぶす取組みを進めていきますが、それでも災害は起きています。二度と同じ災害、もしくは類似した災害が起きないようにするには、発生した災害を調査し分析して要因とその背景を明確にして有効な対策を講じ、そこから学んでさらに危険を予測して危険の芽をつぶしていくことが重要です。

　労働災害が発生すると、その原因を直感的に推定することは、そう難しいことではありません。もし被災者の不安全（危ない）行動があった場合、被災者の不注意を原因として、被災者が二度とこのような行動をしないように注意し、再教育をすることを対策とするのではないでしょうか。それも事故が発生してからしばらくは効果があるでしょうが、人は誰でもエラーすることから、ある人がエラーをしたのなら、同じエラーをする人がほかにもいて、再発してしまうことでしょう。

　なぜ不安全な行動をしたときに対策をとらなかったのでしょうか。人がエラーできない、エラーしてもケガしないような設備や機械にしなかったのか、できなかったのはなぜでしょうか。技術的にできない、改善する予定であったが時間がかかっていたのかもしれませんし、予算が足りなくてできなかったのかもしれません。教えていなかった、フォローしていなかった、危ないと知っていてもそのままにしていた等々、エラーを防ぐ管理の問題を含めて労働災害の発生には様々な問題が絡んでいます。

　再発防止をするには、感覚によってではなく、要因とその背後に潜む問題を多角的にきちんと調査しロジカルに分析をして対策を講じていくことが重要です。調査分析のやり方は様々であり、４Ｍの内容や対策の立て方等にも違いがありますが、本書は、事業場で実際に労働災害調査分析や研修会で使われているものに加筆し、調査のやり方をはじめ、労働災害分析シートを使って「４Ｍ」で分析し「５Ｅ」で対策を検討する手法、さらに報告書の作成まで網羅し、演習を行う構成となっています。管理の問題も含めて発生した労働災害を多角的にみていく本書が、事業場の安全衛生水準向上の一助となれば幸いです。

　令和５年５月

畑　英志

目　次

コラム

4Mで考える労働災害発生の原因・*9*

製造業で品質管理の向上を図る4M・*10*

簡略化した労働災害調査分析・*12*

事象ではとらえきれない会社レベルの問題・*28*

Ⅰ　ねらい

　協力会社として他社の施設や作業場で生産やサービスを行う会社の多くは、機械工学やヒューマンエラー、安全衛生の専門家がいるわけではありません。本書で学ぶことにより、専門知識がなくても、これまで経験がなくても労働災害調査分析にすぐに取り組めるように、次のように順序だて、個人のエラーだけでなく管理のエラーも含めた再発防止ができるようにします。

　本書は、労働災害分析シートにより「４Ｍ」で分析し「５Ｅ」で対策を検討する手法の説明に加え、演習としてシナリオを用意していますので、ロールプレイによって効果的に学ぶことができるようにしています。

---

(1)　調査をして事実をつかむ

▼

(2)　要因とその背景を明らかにする

▼

(3)　再発防止策を考察する

▼

(4)　報告する

Ⅱ　概要

1．対象

　「労働災害」には、業務によって発生した災害である「業務災害」と、通勤の途上で発生した災害の「通勤災害」があります。また、第三者の不法行為によって発生した場合は「第三者行為災害」といいます。本書では、通勤災害を除く業務災害と第三者行為災害を対象とします。

※労働災害は、業務と災害との間に次の因果関係があることで判断されます。
　　①　業務遂行性
　　　　使用者の管理下で就業していること
　　②　業務起因性
　　　　業務と死傷病等との間に因果関係があること

２．労働災害発生の流れ

　ほとんどの労働災害は不安全状態（物の危ない状態）と不安全行動（人の危ない行動）が重なったところで起きていますので、直接の原因はここにあります。しかし、労働災害は一つの原因によって起きるのではなく、そこに至るいくつもの要因があります。

　さらに、要因につながった背景もあります。作業者は、ある環境の中で指示のもとに知識や技能を活かして設備や機械を使って生産やサービス等を行っていきます。そこには、物と人、そしてそれをつなげる作業的要因（媒体）が管理されコントロールされています。ゆえに労働災害は、管理の欠陥により生じた結果ともいえます。

　たとえ小さな欠陥であっても連鎖して災害になってしまうこともあります。労働災害に至った要因とその背景を探り、単に被災者のエラーとせずに災害をシステム全体の問題としてとらえて、その因果関係を断ち切ることが再発防止になります。

┌─ **コラム** ─────────────────────────────

４Ｍで考える労働災害発生の原因

　４Ｍとは、NTSB（米国国家運輸安全委員会）指針で示された事故分析手法で、直接原因も副次的な原因も分けず、事故あるいは安全に関わりのあった事項を時系列に洗い出し、それらの事項を明らかにし、さらに、それらの事項が４つの要因のどれに該当するかを検討し、問題点を明らかにして対策を考案するというものです。

　この考え方をもとに労働災害の発生シーケンスとして西嶋モデルが作成されました。事故、災害には安全管理活動の欠陥が根源としてあり、それが４Ｍに該当する人間的要因、設備的要因、作業的要因、管理的要因といった基本原因につながり、さらにこれらの基本原因は直接原因の不安全状態、不安全行動へとつながり、事故、災害を引き起こすという考えです。

（出典：厚生労働省委託事業『建設業職長等指導力向上教育研修会テキスト』㈱建設産業振興センター　平成28年）

労働災害発生シーケンス

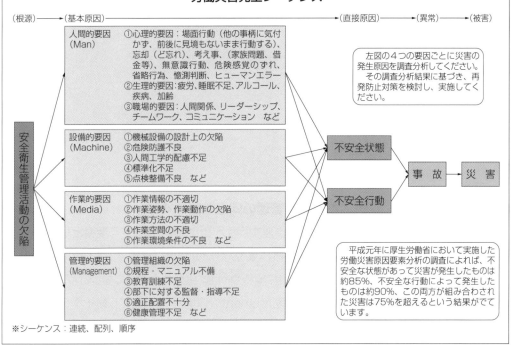

※シーケンス：連続、配列、順序

9

3. 4M

　事故の調査分析は、交通関係、医療関係など、それぞれの業種に合ったいくつもの方法がありますが、労働災害での調査分析は、物（Machine）、人（Man）、媒体（Media）、管理（Management）の４つのＭで分析することが多く行われています。

　これから示す手法は４Ｍのうち Man を被災者本人と関係した人の２つで探ります。１人作業であっても他社の作業者や一般の人と何らかの関わりがあることがあるからです。

　Media は環境と情報・伝達の２つに分けています。変更時や非定常作業では情報・伝達が重要となっているからです。

　管理（Management）は職場レベルと会社レベルで探ります。物（Machine）、人（Man）、媒体（Media）のそれぞれには管理の問題が関係し、職場だけでなく組織全体としての問題もあるからです。

　この４つのＭ以外の要素を加えたり、４Ｍの内容を変えるなど、それぞれの会社や職場の特性に合わせて進めていくことも可能です。

┌─ **コラム** ─────────────────────────┐

製造業で品質管理の向上を図る４Ｍ

　生産現場で出来上がった製品の品質を管理するうえでの問題を解決する要素としての４Ｍがあります。品質管理では、４Ｍを「Man（作業者）」「Machine（機械）」「Material（材料）」「Method（作業方法）」で分析して、品質の維持や向上、生産性の向上にもつなげています。「Measurement（検査・測定）」と「Environment（環境）」を加えて５Ｍ＋１Ｅとしていたり、「Management（マネジメント）」を加えて６Ｍとしているところもあります。

└──────────────────────────────────┘

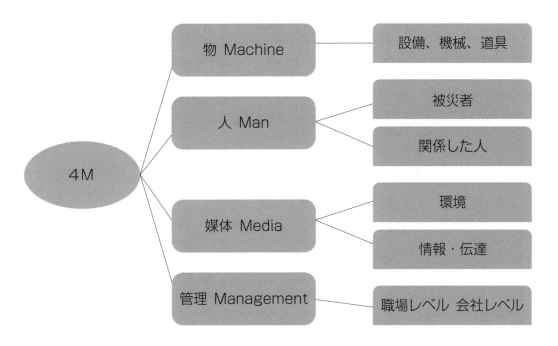

４Mの内容

物　Machine	設備、機械、道具、原材料などの起因物、加害物、危険源です。保護具も含めます。
人　Man	労働災害に被災した人、被災者に関わった人です。 ①　被災者 　　被災者本人 ②　労働災害の発生上で被災者と関係した人（周辺の人など） 　　複数人で行う作業はもちろんのこと被災者が単独で作業を行う場合でも、親会社、顧客会社、協力会社の人や、客とすれ違ったり声を掛けられるなど、被災者の判断や行動に影響を与えた人。
媒体　Media	Machine と Man をつなぐ媒体を指します。 ①　環境 　　環境は Machine に、情報・伝達は Management に含む方法もみられますが、ここでは目で見える、または触れる物（設備、機械、道具、材料等）を Machine とし、見えない物や触りにくい物、常に影響するものを Media として、環境を含めることとします。 ②　情報・伝達 　　多くの事故が非定常作業時や作業の変更時に発生していることから、通常だけでなく、特に変更時の情報収集・伝達も捉えます。
管理　Management	人、物、媒体に係る職場レベル、会社レベルの管理の問題を捉えます。

Ⅲ　調査分析

　労働災害が発生した場合、必ず調査分析することが基本です。しかし、災害の状況や程度によって簡略化したり、まったく行わない場合もあるのであれば、どのような場合に簡略化するのか、または行わないのかの基準をあらかじめ決めておき、調査分析を行う場合は、速やかに開始できるように、調査分析対象の基準を定めておきます。調査分析を開始するまで時間がかかると、分析の精度が低くなることがあります。

　調査分析対象の基準の例を次ページに示します。

　なお、調査分析の流れは次ページに示すとおりです。以下に詳しい進め方を紹介していきます。

┌─ **コラム** ──────────────────────────────

簡略化した労働災害調査分析

　事業場では発生した労働災害の再発防止を急ぐため、限られた時間で調査分析し対策を検討しなければならない場合があります。その場合、直接的な要因である不安全状態と不安全行動を対象とした簡易的な調査分析で進めていきますが、得てして被災者に多くの要因があるとする傾向があります。災害速報としての対応後は、多角的、論理的な調査分析をします。

調査分析対象の基準の例

・ケガの大きさが休業4日以上である。
・地域あるいは第三者に被害がおよんだ。
・同種・類似災害の発生の頻度が多い、
　または可能性が予測される。
・重点事故に指定した災害である。

調査分析の流れ

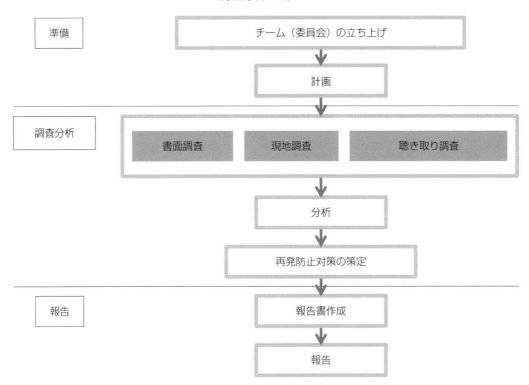

準備	チーム（委員会）の立ち上げ
	計画
調査分析	書面調査　現地調査　聴き取り調査
	分析
	再発防止対策の策定
報告	報告書作成
	報告

1．準備

(1) 調査分析チーム（委員会）の立ち上げ

　まず、調査分析を行うチーム（委員会）を立ち上げます。

　調査分析チームには、以下の４つの構成があります。どんな構成であっても独立性を確保することが重要です。

　　①　社内のメンバーだけ

　　②　社内メンバーに社外の人を加える

　　③　第三者によるチーム（委員会）

　　④　専門チーム（委員会）

　社内メンバーは、チームの長、業務に精通した者、安全衛生担当者等で４、５名程度が適当です。社外の専門家、第三者チームおよび専門チームの長・委員は、会社と利害関係のない人に委嘱します。

　※第三者チームや専門チームが調査分析をする場合の手法は、それぞれのチームが決めた手法で進めることになります。

(2) 計画

　まずおよその計画を立て、調査の日時を調整して詳細な計画を策定します。外部の委員会でなく社内チームで行う場合は、災害発生から２カ月以内に報告できるように計画を策定します。

調査分析チームの構成

① 社内のメンバーだけ

当該部署や管理部署、安全担当部署等で構成します。チームの長は事業場の長、当該部署の長以外とし、独立性や中立性を確実に確保します。

② 社内メンバーに社外の人を加える

調査分析に自信がない場合や客観性をより重視する場合は、①に社外の人を加えます。

③ 第三者によるチーム（委員会）

発生した労働災害が、地域や社会への影響が大きい場合や、社内の自浄作用に懸念があること、独立性が確保されないなど、より客観性が求められる場合は、外部に委嘱します。

④ 専門チーム（委員会）

工学、化学、医学など、専門性の高い知識が必要とされる場合は、下部組織として設けます。

２．調査

　事実を明らかにするために、下記の調査をします。後述する災害分析に使用する労働災害分析シートでは、「時系列の事象」に書き込む内容を調べます。
　　・書面調査
　　・現地調査
　　・聴き取り調査

(1)　書面調査

　災害に関連する資料を集めます。業務の状況や安全衛生の体制、活動状況、仕事のやり方などを知る情報になります。収集する情報の例を次ページの表に示します。

(2)　現地調査

　被災現場で災害時の状況を確認し、採寸・測定をします。広さ、高さ、傾斜、熱さ、寒さ、明るさ、滑り具合、安全装置が作動する位置、非常停止ボタンの位置、見え方など、図面や写真ではつかみにくいことでも、現地で見て触れるとわかることが多くあります。採寸、分量などの数字は記録します。災害を安全に再現できるのであれば状況がより一層理解できます。
　現地調査のポイントを、次ページの図に示します。

書面調査で収集する情報の例

ルール	法令、安全衛生管理規程、労使協定、社内規定等
仕事のさせ方	作業資格、教育・訓練実施記録、作業手順書、作業指示書、勤務表、勤務予定表（シフト表）、作業計画、業務日誌、チェックリスト、作業マニュアル、取扱い説明書等
現場	図面、写真等
安全衛生管理・活動	安全衛生委員会議事録、安全パトロール報告書、RA 実施記録書、ハザード（ヒヤリ）マップ、災害（ヒヤリ）報告書、KYT レポート等
その他	業務計画、割り当てられた仕事量（ノルマ）等

RA：リスクアセスメント（職場における危険性又は有害性等の調査等）
KYT：危険予知訓練

現地調査のポイント

①　現地調査は 1 回が基本

・1回で終えるつもりで、後日採寸や測定箇所が不足しないようにします。災害現場はもちろんですが、現地で見て気づく場所もあります。気になった場所は、その場で調査に含めます。
・採寸や測定の数値は図や表にして報告書に記載します。

②　肌感覚は大切に

・採寸など数字は重要ですが、災害現場だけでなく現地に入った時に感じた雰囲気などが、災害分析の役に立つことがあります。
・ただし余計な先入観にならないように注意します。

③　現地調査のツール

・デジタルカメラ（スマホでも可）
　報告書作成やモニター画面に映すのでしたら高解像度でなくても充分です。
・メジャー
・ヘッドランプ
　手持ちランプでも可
・記録用紙など

④　周囲に人がいれば

普段の状況や使い勝手などを尋ねます。

⑤　聴き取り調査

　聴き取り調査も併せて行えますが、複数の対象者がその場にいる場合は、言いにくいことがあると話しませんので状況確認だけに留めます。

⑶　**聴き取り調査**

　当事者は、災害発生の数日後までは気が動転して記憶が定まらないことがあります。気持ちが落ち着いた頃、災害発生の記憶が新しいうちに、労働災害に至る経過を被災者、目撃者、同僚、上司、管理部門担当者などから、時系列の事象と４Ｍに沿った内容として聴き取ります。

　発生した労働災害を二度と起こさないようにするための聴き取り調査であって、誰が悪いのかとか責任を追及するものではありませんが、不信感を持たれると、進めている調査や、次に起きた労働災害の調査の際に真実が隠されてしまうかもしれません。調査の中で一番難しいのがこの聴き取り調査です。進め方は次ページのとおり丁寧に行います。

① **聴き取りは必ず１人ずつ個別に行います。**
・複数人を一緒に行うと、職制が上の人や声が強い人に影響されてしまう可能性があります。

② **可能な限り対象者の都合の良い場所、時間を選びます。**
・対象者を呼びつけるなど、威圧と捉えられる態度は慎みます。

③ **聴く側は２名程度の最小限の人数にします。**
・話しやすいように、目線の高さを同じにして話をよく聴き穏やかに話します。

④ **不利益は生じないことを最初に約束します。**
・聴かれる側は不安ですし、誰でも自己保身の気持ちはあります。再発防止のための聴き取りが目的であることを理解してもらうようにします。
・正確な情報を得るために、労働災害と処遇は別であることを伝えます。

⑤ **聴き取り内容の取扱いを説明します。**
・原則、社内取扱いとして外部へは公表しません。ただし、法により求められる場合があること、外部に公表する必要がある場合は信頼のおけるところに限定し、名前などは伏せて個人を特定できないようにすることを説明します。

⑥ **メモすること、録音する際は承諾を得ます。**
・撮影は不信感を生みますので避けます。

⑦ **４Mに沿った内容について聴き取ることを意識します。**
・その人でなければわからない状況や、事情、設備、管理の問題、認知、判断、行動、特に時系列の事象となぜそのようなことになったのかなどの背景を尋ねます。

⑧ **メンタルへの配慮をします。**
・長時間の聴き取りや、同じ人に何度も行うことは大きなストレスを与えるので避けてください。
・聴き取る方は多くのことを尋ねたいところですが、労働災害に関係した人は、たとえ不可抗力であってもかなりのストレスを感じていますので、「なぜ、なぜ」と問いかけて追い詰めることは避けてください。再発防止のための聴き取りが、メンタルヘルスの問題にならないように、表情や様子に注意しながら進めます。

⑨ **否定や批判はしません。**
・ここでは対象者の記憶や主観が主ですから感覚的なこと、感情的なことも話されることでしょう。「おや？」と思っても否定や批判はしません。背景はこの部分にあるかもしれません。
・書類調査や現地調査の内容と違うこともあります。

⑩ **対象者によって話に相違がある時もあります。**
・それぞれ記録して総合的に判断します。

⑪ **被災者等に聴き取りができない、もしくは十分に聴けない場合もあります。**
・調査によって事実認定をしますので、憶測を事実としないようにします。分析の段階で合理性をもって推定します。

⑷　時系列の事象の一致

　　書類調査や現地調査、聴き取り調査によって明らかとなった、今回の労働災害に関連する事象を、時系列で整理します。当時の被災者の行動は作業マニュアルや作業手順書などから類推することもできますが、実際にそのとおり行ったかどうかはわかりません。あくまでも実際にどのような行動をしたか、どのような状態になっていたかの事実を確かめます。発生した災害に関連するのであれば、朝の朝礼やミーティングなども事象として入ります。

　　労働災害に至るまでの時系列の事象は、調査分析の根幹です。聴き取り対象者の認識が一致している必要があります。整理し、対象者に確認してもらって事実と認定します。後日に新たな事象が判明した場合は、再度確認します。

※時系列の事象が違っていると、報告書が出来上がったあとに「事実と違う」となり調査分析が意味をなさなくなります。

⑸　記録

　　調査の内容は労働災害調査書に記入します。次ページに調査書の様式例を示します。

労働災害調査書

年　　月　　日

作成者　　　　　　　　　　　　　　　　　所属

1	**本社、支店、工場**

2　作業名および作業内容
作業名

作業内容

3　災害の状況
発生日時　　　　　　年　　月　　日　　曜日　　　　時間
場所

天気　　　　　　　　温度　　　　　　　　　湿度　　　　　　　　　WBGT

4　被災状況

事故の型	受傷部位	傷病名	休業日数

5　被災者

氏　名	社員種別	職名、役割	性別	年齢	業務担当年月	作業許可	装備

6　関係者

氏　名	社員種別	職名、役割	性別	年齢	業務担当年月	作業許可	装備

7　被災者の状況
健康状態　　　　　　勤務時間　　　　　　　連続作業時間　　　　　連続勤務日数

8　起因物
名称　　　　　　　　　　　　　　　大きさ、重さ、高さ

（図、写真別添）

9	**業務に関する教育歴**

10	**作業手順書、マニュアル、取扱説明書、チェックリスト等の有無および作業との合致**

11	**安全に関わる活動（リスクアセスメント、KYT、ヒヤリマップ）**

12　災害発生の経過
事象（事実）を時系列で整理（物、人、環境・情報、管理、変更）

3. 分析

⑴ 労働災害分析シート

　労働災害分析シートに、書類調査、現地確認、聴き取り調査の内容を記入することで整理し、進めていきます。

　3つのステップで進めます。

　　ステップ1　災害に関わる事象を時系列で把握します。

　　ステップ2　一つひとつの事象ごとに4Mで分析します。

　　　　　　　掘り下げて分析するのは、要因とその背景を浮き彫りにするためです。

時系列の事象		項目		1. 物　Machine		2. 人
				不安全状態		不安全行動（認知、
				材料、機械設備、安全装置、用具、保護具等		本人、周りの人
1		① あるべき姿との違い				
		② なぜ違ってしまったのか				
		③ ②の背景にあるものは？				
2	ステップ1 p24	① あるべき姿との違い				
		② なぜ違ってしまったのか				
		③ ②の背景にあるものは？				
3		① あるべき姿との違い				
		② なぜ違ってしまったのか				
		③ ②の背景にあるものは？				
要因（①あるべき姿との違い）						
背景（②なぜ違ったのか、③背景にあるもの）						
対策	本質的対策	危険源をなくす 安全な作業方法				
	機械設備・技術	機械設備、工程、安全装置、基準値の変更など				
	環境	照明、騒音、温湿度、スペースなど				
5E	教育・訓練	知識教育、意識教育、OJT など				
	事例・模範	事例表示、事例発表、情報、水平展開				
	強化・徹底	ルール、マニュアル、巡視、職場活動 など				
重点実施対策						
備考						

①　あるべき姿との違い

②　なぜ違ってしまったのか

③　②の背景にあるものは？

ステップ3　主要な要因と背景を特定して対策につなげます。

```
┌─────────────┐        ┌─────────────┐        ┌─────────────┐
│ ステップ1    │  ▶     │ ステップ2    │  ▶     │ ステップ3    │
│ 事象の把握   │        │ 4Mで要因、   │        │ 要因と背景の特定│
│             │        │ 背景を分析   │        │             │
└─────────────┘        └─────────────┘        └─────────────┘
```

Man		3．媒体　Media		4．管理　Management
判断も）、やり方		環境の不備	情報収集・伝達の問題、	管理の不備
（職場、業者、利用者）		空間、条件等	特に変更時	計画、ルール、教育、指導、配置、手順書、職場活動等
ステップ2				
p26				
ステップ3　p30				
対策を検討				
p36				
重点対策の選定　p40				

⑵　ステップ１：事象の把握

①　調査によって得た事象を「時系列の事象」欄に時系列に沿って記入します。

・事実と認定した事象です。（Ⅲの２の⑷）

・作業は、作業前→本作業→後作業があります。事故が起きた場面だけでなく、事故に関わりがあるならば、朝礼や点呼などの作業前や発生後も含めます。

②　災害に至る時系列の事象は「何をどうした、どうなっていたか」を記入します。

・物の状態や人の行動を記入します。

・「〜していないから」などと要因を決めつけたり、対策を想定しないようにします。要因は次の⑶ステップ２で、対策はⅣで行います。

・事象が同時にいくつかある場合は、該当する時系列の番号の下に「1′」「1″」などプライム番号を付した番号で書き加えます。

・シートの時系列の欄が足りない場合はシートを追加します。

災害事例

　被災者は使用するパソコンの具合が悪いので交換することとし、８階から７階の事務室に説明資料を取りに行く際に具合の悪いパソコンを持って非常階段を下りた。階段を下って中間にある踊り場で下から上がって来る人がいたので避けてすれ違い、再び下り始めた時に自分の片足にもう片方の足が引っかかって踊り場より１、２段下の位置から転落した。大きな音に気づいた職員が駆け付けて救急車を呼び病院へ運ばれた。

時系列の事象	項目	1．物　　Machine
		不安全状態
		材料、機械設備、安全装置、用具、保護具等
1　13：00の主催会議を準備	①　あるべき姿との違い	
	②　なぜ違ってしまったのか	
	③　②の背景にあるものは？	
2　8Fから階段で下りて7Fとの中間の踊り場に立った	①　あるべき姿との違い	
	②　なぜ違ってしまったのか	
	③　②の背景にあるものは？	
3　手すりのない側に回り込んだ	①　あるべき姿との違い	
	②　なぜ違ってしまったのか	
	③　②の背景にあるものは？	

(3) ステップ２：４Ｍで要因と背景の分析

　事象ごとに４Ｍを掘り下げて分析します。ここではあくまでも分析なので、対策を想定しながら進めないようにします。対策を想定しながら進めると、現状がわからなくなったり都合の悪いことなどが隠れてしまったりして、問題がつかみづらくなり、正確な分析になりません。要因とその理由である背景を掘り下げて見えるようにするのがこのステップです。進め方は次のとおりです。

① 　１番の事象について、物（Machine）の「あるべき姿との違い」から進めます。そして「なぜ違ってしまったのか」「背景にあるものは？」と掘り下げていきます。

　　1) 　あるべき姿との違い

　　　・法令や社内ルール等のあるべき姿との違いを考え①欄に書き込みます。あるべき姿とは、理想的な姿ではなく、法令や社内ルールに抵触していないこと、現実的にあり得る危険がより低い姿をいいます。

　　　・問題がなければ「なし」と記入します。

　　2) 　なぜ違ってしまったのか

　　　　そのようにした（なっている）理由を探り、②欄に書き込みます。歴史や慣習も考慮に入れます。不明の場合は「―」を記入します。

　　3) 　背景にあるものは？

　　　　さらに理由に潜む背景を掘り下げて、③欄に書き込みます。掘り下げられない場合は「―」を記入します。

　　時系列の１つ事象（ステップ）での、「①あるべき姿との違い」は評価した問題点であり、要因です。その要因の背景である「②なぜ違ってしまったのか」は理由で「③　②の背景にあるものは？」は、さらにその理由の背景です。災害が起きた要因だけでなく、その背景までつかめると問題の姿が見えてきます。「なぜ」が建前しか出ない場合は、さらに掘り下げていきます。「なぜ」と問いかけることは、よく考えるということです。

② 　物（Machine）の次に人（Man）、媒体（Media）も同様に進めます。

③ 　やりやすい「Ｍ」から進めても問題ありませんが、管理（Management）は１
つの事象の最後に取り組みます。

・管理以外のＭである物、人、媒体のうち１つでも問題があるのなら管理の問題
は必ずあります。それらをコントロールしているのは管理であるという厳しい
姿勢を貫きます。

④ 　４Ｍの着眼点は表のとおりです。作業手順書、マニュアルを媒体（Media）と
する場合もありますが、ここでは作成・整備は管理の問題に、伝え方、利用の仕
方は情報の問題としています。

物　　　Machine	設計の欠陥、故障、誤動作
設備や機械、道具、原材料などの起因物、加害物、危険源や保護具 新設、変更、移動時	化学反応 防護装置、安全装置がない、または不良 物の置き場所 運転、操作が間違えやすい、わかりにくい 無理な姿勢にさせる 信号、表示が見えない、警報がわかりにくい 点検・整備の不良 材料の不良 保護具・服装　ほか

人　　　Man	防護、安全装置を外す、無効にする
①被災者本人、錯覚、思い込み、疲労、加齢、省略行為、憶測判断、失念など心理的、生理的な認知、判断、行動	危険な状態を作るまたは放置 危険な物、場所への接近、接触 設備・機械等の指定外の使用 運転中の設備・機械等の掃除、修理 誤った動作 保護具、服装の装着不良、未装着 無理な姿勢、立ち位置　運転の失敗 故意、または故意ではない違反、疲労、病気、ケガ、アルコール、睡眠不足 人間関係 知識、技能　ほか
②本人と関係した人（職場、指示者、親会社、協力会社、お客様）	上記①と同様 無理なお願い、余計な行為、不意の声掛け 共同作業等の不一致

媒体　　　Media	作業空間の不適切
（特に変更時） 作業環境、物（Machine）と人（Man）のつなぎ ① 環境の問題	スペース、高さ、照度など
	作業環境の不適切 天候、温熱、湿度、騒音、天災など
② 情報の収集、伝達の問題	作業情報が正確に伝わらない 打合せの実施 情報の間違い 変更時の伝達 伝達の不明瞭 引継ぎ、申し送り 慣習 作業手順書、マニュアルの伝え方 ほか

管理 Management （職場レベル）	違反を指示、隠蔽、未公表
	違反や不備の黙認、見逃し 安全衛生パトロール等の内容 機械・設備の事前評価 作業手順書、マニュアルの不備や不足 指示の間違い 指導・監督、見守り、職場活動、フォロー 安全衛生教育の不足　人員数 無理な勤務体制　適正配置 健康管理　危険の予測　ほか
（会社レベル）	経営幹部の安全衛生の取組み姿勢 安全衛生の予算 ルール、規定の不備 無理な計画、過剰なノルマ 管理体制とその実行性 指揮命令権限が不明確、越権 縄張り・派閥意識（グループの固執、排他） 風土　ほか

1) 推測を記載する場合はカッコや印などを付けてわかるようにしておきます。

2) 書ききれない場合はシート等を追加したり、聴き取り対象者ごとにシートを作成します。

3) 設備・機械は、「もともとの構造または仕様となっている」ということがよく出てきます。その場合は「仕方ないので問題なし」ではなく、管理（Management）の項目で、その危険に気づいていたか、なぜ気づかなかったのか、なぜそのままにしていたのかを掘り下げます。

4) ルールや手順書等は、有無だけでなく内容が現在のその作業と合っているか、正しいかどうかも捉えます（法令以外）。

5) 1つの項目に記入した内容と同じ内容が他の項目にも該当することもあります。

6) 気づいたことが、どの分析項目に該当するか迷う場合があります。その時は、およそ該当すると思われるところに記入します。4Mに分けることが目的ではなく、あくまでも4Mは分析の視点を示し、その視点で要因と背景を考えていくことと捉えます。進めている中で、より該当するところがあれば移動します。

7) 現地調査や聴き取り調査では不明でも、分析をする中で導き出されたものがあれば該当する項目に記入します。

コラム

事象ではとらえきれない会社レベルの問題

　会社の中では、部署が違っていても同じような考え方、判断や行動、問題が生じていることがよくあります。そこで働く一人ひとりは、そのことに特に意識しているわけではありませんので、それは組織レベルの風土や性格と言えるかもしれません。会社企業の風土は、その会社に勤める人の考え方や行動にも影響することです。災害の発生にも、なんらかの影響を及ぼしているのだとしたら明らかにしなければなりません。再発防止のために、会社としての痛みがたとえあったとしても避けることはできません。

時系列の事象	項目	1．物　　Machine
		不安全状態
		材料、機械設備、安全装置、用具、保護具等
1　13：00 の主催会議を準備	①　あるべき姿との違い	パソコンが何度も止まった
	②　なぜ違ってしまったのか	古いパソコン
	③　②の背景にあるものは？	社内移動用としてまだ使える
2　8Ｆから階段で下りて7Ｆとの中間の踊り場に立った	①　あるべき姿との違い	・エレベーターがすぐ来ない ・建築基準法施行令第23条〜第25条違反はないが内側だけに手すり ・扉が常時開
	②　なぜ違ってしまったのか	・設置から25年たつ ・元からの備え付け ・階段の方が速く、多くが使用
	③　②の背景にあるものは？	・構造 ・構造 ・健康のために奨励

⑷　**ステップ３：要因と背景の特定**

　「①あるべき姿との違い」は要因に当たり、要因の背景は「②なぜ違ってしまったのか」であり、さらに背景を「③　②の背景にあるものは」と掘り下げて、見えてきた中から問題点を特定します。

①　要因の特定

　時系列の事象を４Ｍごとに分析した要因の中から、災害発生につながった要因を選び出し、特定して要因欄に記入します。

　・要因は１つに絞り込む必要はありません。

　・分析項目ごとに事故に関係したと思われる割合を％など数字で表すと検討しやすくなります。ただしあくまで感覚の数字であって、数字が独り歩きしないように注意します。

　・要因欄に改めて書き直す必要がない場合は、該当欄に赤枠などを付けてもよいでしょう。

②　背景の特定

　４Ｍごとに分析した「②なぜ違ったのか」「③　②の背景にあるものは？」の中から、要因に深く関わる理由や背景であるかどうか、断ち切る必要がある背景になっているかを見直し、選び出して特定します。「ルールを守らなかった」が要因であった場合、「なぜルールを守らなかったのか」という背景があります。要因の特定にとどまらず背景を明らかにすることが再発防止には必要です。

　・背景は１つに絞り込む必要はありません。

　・背景欄に改めて書き直す必要がない場合は、該当欄に赤枠などを付けてもよいでしょう。

	1.　物　　Machine	2.　人　　Man	
	不安全状態	不安全行動（認知、判断も）、やり方	
	材料、機械設備、安全装置、用具、保護具等	本人	周りの人 （職場、業者、利用者）
要因	手すりが片側しかない	手すりがない側を速足で下りた	―

	1.　物　　Machine	2.　人　　Man	
	不安全状態	不安全行動（認知、判断も）、やり方	
	材料、機械設備、安全装置、用具、保護具等	本人	周りの人 （職場、業者、利用者）
要因	・・・	・・・	・・・
背景	元からの備え付け	遅れそうなので焦っていた	―

※分析により、問題点を浮き彫りにするということは、それぞれの状態や行動を評価することになります。数値で表せるものなら可能ですが、管理や行動などは幅があり基準が明確ではありません。その幅からはみ出したものは「適切でない」と判断し問題点となります。およその基準とその幅をどこまでにするか調査分析のメンバーで統一しておきます。

Ⅳ　再発防止対策

　災害調査分析は前述までになりますが、再発防止には分析を基にした再発防止対策が当然求められます。特定された要因は、その背景までさかのぼって対策を考えます。項目によっては対策ができない場合もありますが、管理の対策は必須です。労働災害の対策は急ぐ場合がほとんどですから、まずは早急にできる対策となりますが、それに終わることなく、たとえ時間がかかることであっても、恒久的な対策をできる限り検討します。

　ここでの再発防止対策は、調査分析チーム（委員会）の提言です。何をどのように実施するのかは、提言を受けて事業場の責任者が決定します。

1．対策の考え方

　法令で定められた事項があればまずそれを実施するのは大前提です。ただし、法令を守れば労働災害は発生しないかというと、そうではありません。法令は最低限やらなければならないことを定めているからです。労働災害を防ぐには、法令を順守することは大前提ですが、それに加え、労働災害防止のためになることであれば、定められていないことも積極的に対策として講じていきます。「ルールを守る」は当たり前のことであって対策ではありません。「どうやってルールを守るようにしていくか」が対策です。4Mごとに5Eで具体化し重点実施対策を決めます。優先順位や対策の内容は、リスクアセスメントの考え方が役に立ちます。

　人はエラーしますので、作業者の行動に頼る対策だけでは、再発防止は難しいと考えます。

法の順守は大前提

4Mごとに5Eを踏まえて対策

| Engineering
技術・工学 | Environment
環境 | Education
教育・訓練 | Enforcement
強化・徹底 | Example
事例・模範 |

実施の優先順位

本質的対策 > 工学的対策 > 管理的対策 > 個人対策

リスクが"安全"まで減少しなければ同時に実施

2．対策の順位

　リスクアセスメントでは、法令で定めている事項がある場合は法令を順守することが大前提です。その上で、本質的対策を講じて本質安全化を図ることから始めて工学的対策、管理的対策、個人対策の順で検討および実施することとしています。

① 　本質的対策：危険そのものをなくす。安全なやり方にすること
　　・危険な作業自体をなくす　　　　　　　・危険源をなくす
　　・エラーできない構造にする　　　　　　・エラーしてもケガしない構造にする
　　・危険性の低い原材料に変更する
　　・危害にならない力が弱いもの、柔らかいものにする

② 　工学的対策：本質的対策ができない場合に講じる、設備や機械など工学的なハードの対策
　　・柵で覆って隔離する　　　　　　　　　・異常時は安全装置により停止する
　　・作業床を設置する

③ 　管理的対策：管理としてのソフトの対策
　　・管理体制や責任者を明確にする　　　　・ルール、マニュアルを作成する
　　・安全衛生教育・訓練をする　　　　　　・指示、指導・支援をする
　　・作業者を適切に配置する　　　　　　　・職場を巡視する
　　・表示する　　　　　　　　　　　　　　・職場活動

④ 　個人対策：人の判断、行動に委ねる対策
　　・保護具を適切に着用する　　　　　　　・危険回避行動をする
　　・指差し確認、声掛けなど

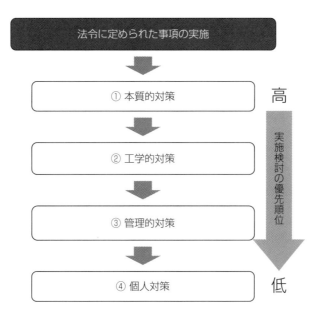

法令に定められた事項の実施

① 本質的対策　　　　高

② 工学的対策

③ 管理的対策　　　実施検討の優先順位

④ 個人対策　　　　低

３．５Ｅで対策を検討

　物の不安全な状態と人の不安全な行動は、なぜ不安全（危険）になってしまった
のか、あるいはそのままになっていたのでしょうか。そこには管理の問題がありま
す。設備・機械を改善しても、作業のやり方は、ルールはどうするのか、教育・訓
練をどう効果的にしていくか、水平展開はどうするのか、作業者への指導やフォ
ロー、人間関係はもちろんですが、どんな職場にしたいのか、そもそも職場の安全
を本気で考えているのか等々も考慮しておかないと、対策を立ててもできませんで
した、やれませんでしたとなり、またいつしか労働災害が発生してしまうかもしれ
ません。対策を具体的に検討するには「５つのＥ」を使います。

　例えば、管理の対策として「社内LANやメールなどで周知する」と出された場合、
５Ｅのうち「強化・徹底」を踏まえると、「各職場のミーティングのテーマとして
取り上げ、災害がなぜ起きたのか、問題は何か、自職場にどう活かすかを話し合う
ことで、自分たちの問題としてとらえる」という展開の仕方が見えてきます。

　水平展開することは大事ですが、知らせることだけでは足りません。社内LAN
やメールを見ない人もいますし、見ることができない従業員はどうするかを考慮し
た対策を立てます。

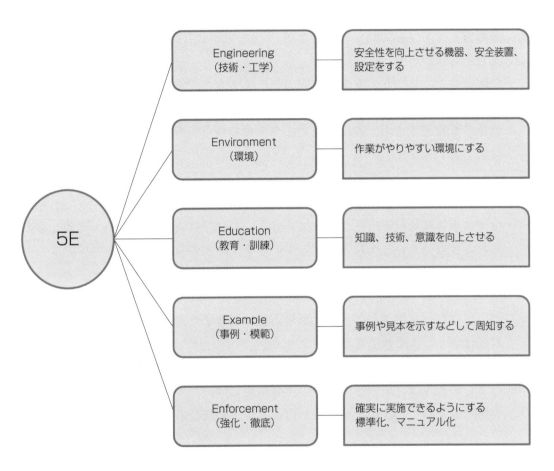

・Engineering　：技術・工学的な対策です。安全性を高める機械・設備の対策で、工程の見直しや基準値の設定
　　　　　　　　　の変更なども含みます。
・Environment　：作業環境の対策です。作業場のスペース、照度や騒音、温湿度などの環境を作業に適した状態
　　　　　　　　　にします。
・Education　　：教育・訓練による対策です。必要な知識や技能を持たせるだけでなく、安全意識の向上も図り
　　　　　　　　　ます。講習会やOJTの実施などです。
・Example　　　：具体的に示し周知させる対策です。あるべき状態や行動を表示し、災害事例や情報を発表、
　　　　　　　　　データベース化するなどして周知します。
・Enforcement　：確実に実施するための対策です。ルール化や手順書、マニュアルを作成し、職場安全活動
　　　　　　　　　（KY、声掛け運動、指差し確認など）の実施や支援をします。和訳では強制という意味もあ
　　　　　　　　　りますが、自ら動くようにするためにどうするかが重要です。

(1) 進め方

① 本質的対策から考えます。

・危険源をなくしたり、安全な作業方法にするなどです。技術的、経済的な理由や契約等により難しい場合がありますが、機械は故障し、いつかは壊れ、管理は全てを徹底できず、人は間違えます。最初からできないと諦めずにここから検討していきます。

② 特定された４Ｍの要因ごとに５Ｅを踏まえた対策を考えます。

・全ての項目に対策を出さなければいけないわけではありませんが、有効と考えられるならいろいろな対策を出していきます。どの対策にするかの検討は、次の段階で行います。

・「やりにくい、面倒」などと対策を実施する際の負担などを考えて、対策に気づいていながら出さないのでは再発防止になりません。

・対策はいくつ出てきてもかまいません。

・「検討する」で対策を終えずに、検討の結果できない場合の対策も考えます。

・ここでの対策は、当該労働災害の再発防止についてであり、それ以外の労働災害を考慮することはしません。焦点があいまいになるからです。

		1．物	2．人	3．媒体	4．管理
対策	**本質的対策** 危険源をなくす 安全な作業方法				
	機械設備、技術 機械設備、工程、安全装置、基準値の変更	・エレベーターをすぐ来るように改修 ・階段の壁側にも手すりを設置		・蛍光灯を全部取り付ける	・エレベーターの改修を行う ・手すりの設置を実施
	環境 照明、騒音、温湿度、スペースなど			・明るくする	蛍光灯の全灯
	教育・訓練 知識教育、意識教育、OJT など		安全教育を受ける		安全教育に階段の危険を加える
5E	**事例・模範** 事例表示、事例発表、見本、情報、水平展開			手すり持ちの表示	上り下りの通行区分を線引き
	強化・徹底 ルール、マニュアル、巡視、職場活動など		・ミーティング、KY に参加	・階段事故と手すり持ちルールを関連づけて全部署でミーティングと KY を実施	・エレベーター改修後、非常時以外は階段を使用しない ・手すりを持つことをルール化 ・ミーティング、KY 後に報告で確認

⑵　**対策の評価**

　それぞれの対策がどう有効なのかを話し合って評価します。評価の方法はリスクアセスメント等を参考にしてください。

⑶　**重点実施対策**

　出てきた対策から、より有効な対策を選定します。

①　やる必要があることは実施します。

　・要因の対策の全てに資本（人、物、金）を投入することは難しいことでしょう。しかし、やる必要があることは実施します。

　・選定しなかった対策は、その理由を明確にしておきます。

※顧客が設置した設備や機械、作業場で作業を請け負っている会社は、本質的対策や設備や機械に手を加えることは、現実には許可されずできないことがあり対策を諦めがちです。たとえそれができなくても、危険源の危険な状態と作業者の不安全な行動が重ならないように危険源と作業者を分けたり、離したり、時間をずらしたり、または不安全行動を抑える手立てを考えます。要因をなくすことはできなくても、その背景をつぶすことで危険を小さくできることもあります。いくつかの対策を併せて行うことも考えます。

重点実施対策	１．エレベーターを改修し迅速性を向上させ、通常の移動はエレベーターとし、階段の使用は非常時のみとする。 ２．上記の実施ができない場合は次の対策を講じる。 　①　階段の外側（壁側）にも手すりの設置を要望する。 　②　蛍光灯の全灯を要望する。 　③　階段の手すり持ちをルール化する。 　④　上り下りの通行区分を決め線引きする。 　⑤　階段の危険とルール化を関連付けた職場でミーティング、KY をする。 　⑥　階段に表示と自動音声で注意喚起をする。
備考	エレベーターを迅速性のあるものに改修して通常の各階移動はエレベーターを利用し、非常時以外は階段を使用しないとしたが、近々に実現することができないこと、故障や非常時には階段を使用し日常使用もあることから、非常階段を使用する対策も併せて考察した。

V 報告

調査分析した内容をわかりやすくまとめた報告書を作成し、報告します。

1. 報告書

報告書は災害の状況や分析内容を論理的に、しかもわかりやすくまとめます。内容は次のとおりです。

(1) 構成

①災害の名称、②報告書の目的、③調査分析方法、④調査分析の経過、⑤調査分析結果、⑥再発防止対策、⑦調査分析チーム（委員会）メンバー、で構成します。②の「報告書の目的」には、この報告書は再発防止を図るためのものであり、責任を追及するものではない旨を明記します。労働災害分析シート、現地調査によって作成した図面等（採寸した数値を記入）は報告書に添付します。

(2) 報告書の記載

① 当該部署以外の人が読むことを考慮します

・専門用語、カタカナ言葉はできるだけ避け、一般的な日常用語を使用します。アルファベットでの略称語は説明書きをします。ただし、報告書が社内のみの扱いであり、社内で通常使用されている語句ならば使用します。

② 法律用語の使用は避けます

・業務上、予見可能、義務、過失などの語句を使いがちですが、正確に使うことは難しく適切ではありません。ただし法令の引用はその限りではありません。

・報告書が法的に使用される場合は弁護士等に助言してもらいます。

③ 報告書は責任を追及するものではありません

・「～が誤りだった、～の過失があった、～すべきだった」などの語句は避けます。これらの語句は「責任はこの人にある」と言っているのと同じです。責任を追及されたと捉えられると、今後災害が起きた場合の聴き取り調査では、対象者の協力が得にくくなります。

※当該する個人や部署が「私たちが悪かったということか」と誤解されることを避けるため、報告書は、今後どうすれば再発を防げるだろうかという視点であって、事前的視点で業務の問題点（前もってこうしなかったので）を指摘したものではないことを話しておきます。

⑶　作成例

報告書の作成例を、以下に示します。

2．報告

報告書によって労働災害防止の責任者等に報告します。その後関係者に報告書を見てもらうか、要旨を説明します。異議申し立てがあれば期間を設けて受け付け、調査分析委員会で検討して必要であれば修正します。報告を受け入れて、再発防止対策の積極的な実施につなげるためにも、聴き取りをした対象者に対して、分析する前に時系列の事象（事実）を確認しておくことが重要です（Ⅲの2の⑷時系列の事象の一致）。

公表する場合は、聴き取り調査の時に対象者へ説明したとおりとし、被災者や関係者が特定されないように氏名等は伏せます。（Ⅲの2の⑶の⑤）

労働災害調査分析報告書
―〇年〇月〇日の〇〇災害について―

〇年〇月〇日
株式会社〇〇
〇〇委員会

１．目的

　今般発生した○○労働災害について災害の経過とその要因を明らかにし、再発防止を図るために社内委員会が設置され、調査分析を実施しました。この報告書は、その調査分析の結果を取りまとめたものであり、被災者や関係者個人の責任を追及するものではありません。

２．調査分析方法
(1)　調査
　　① 書類調査
　　② 現地調査
　　③ 聴き取り調査
(2)　分析方法
　　４Ｍ法
(3)　再発防止対策方法
　　５Ｅ法

３．調査分析の経過
(1)　調査
　　① 書類調査
　　　○年○月○日　調査者○○、○○
　　　　　　　　　勤務表、業務計画表、作業マニュアル、安全規程を収集
　　② 現地調査
　　　○年○月○日　調査者○○、○○
　　　　　　　　　計測、状況確認
　　③ 聴き取り調査
　　　○年○月○日　調査者　○○、○○
　　　　　　　　　被災者Ａ、関係者Ｂ、
　　　○年○月○日　調査者　○○、○○
　　　　　　　　　上司Ｆ
　　　○年○月○日　調査者　○○、○○
　　　　　　　　　安全担当Ｇ
(2)　分析
　　　○年○月○日〜○月○日

4．調査分析結果　（別添調査表および労働災害分析シート参照（略））
(1)　**労働災害の状況**
①　日時　（略）
②　場所　（略）
③　管轄　（略）
④　作業名または作業内容　（略）
⑤　被災者Ａ　　年齢　　　　　　性別　　　　　　　役職名
　　　　　　　　職種　　　　　雇用種類　　　　　勤務年数
　　　　　　　　当該業務経験年数
⑥　関係者Ｂ　　（略）
⑦　被災状況　診断名
　　　　　　　休業日数（見込み）
⑧　起因物　階段
　　　　　幅140cm、蹴上がり20cm、踏面28cm、踊場高さ４m　踏幅140cm
　　　　　（建築基準法はそれぞれ120cm以上、20cm以下、24cm以上、高さ４m以内
　　　　　踏幅120cm以上と規定）
　　　　　（手すりは内側にのみ側面から10cm、踏面から90cmの位置に設置）
(2)　**労働災害の経過概要**
　　同日午前の８階会議室で行われた会議に被災者は出席していた。会議は12：00に終了予定であったが、終了したのは12：20であった。同じ会議室で13：00に被災者の所属する部署が主幹する会議があるため、そのまま会議室で部下と準備を進めた。使用するパソコンの具合が悪いので交換することとし、被災者は７階の事務室に説明資料を取りに行く際に具合の悪いパソコンを持って非常階段を下りた。階段を下って８階と７階の中間にある踊り場に来た時に、下から上がって来る人がいたので踊り場で壁側に移動してすれ違い、そのまま下り始めた時に自分の片足にもう片方の足が引っかかって踊り場より１，２段下の位置から転落した。大きな音に気づいた職員が駆け付けて救急車を呼び病院へ運ばれた。
(3)　**分析結果**
①　階段について
　・階段は傾斜、踏み面の幅、蹴上がりの高さなど、関係法令に沿ったものであり問題はなかった。
　・手すりは階段の内側だけに設置されていた。手すりがない側を通行した場合、手すりを持つことができないため、つまずくなどした場合、体を支えることができなかった。
　・踏み面の角は滑り止めが設置されていたが、その部分には２～３mmの段差があり足を引っかける恐れがあった。　（略）

② 人の面について
・被災者の健康状態の詳細は不明であるが、被災当日は、疲労などがあったわけではなかった。
・メガネは常時使用している物を装着し、かかとの低い室内靴を履いており、服装等に問題はなかった。
・主幹の会議開始の時間が迫っている中での準備で、パソコンの調子が悪く交換しなければならなくなり、気持ちが焦っていた。
・ハンドバックとパソコンを両手で抱えて両手がふさがったまま階段を下りた。いつも手すりは持つことはなかった。
・手すり側を人が上がってきたので踊り場で手すりがない外側（壁側）に移動した。
・気持ちが焦っている中で、通常使用している階段であることから、階段の危険の意識はなく、両手でパソコンを持ち、手がふさがったまま速足で下りた。　（略）
③ 環境、情報について
・内階段で、節電のため蛍光灯が減らされていたが、足元は見える明るさであった。
・階段の危険や注意喚起をする表示はなかった。
・災害情報オンラインの掲示板で階段使用の危険について注意喚起されているが、閲覧および理解するかは各個人に任されており、情報の共有化ができていなかった。　（略）
④ 管理について
・非常階段の使用は常態化していた。利便性および健康の面から、管理部門としては非常階段の使用を奨励し、出入り口の扉は常時開放としていた。
・管理部門は、階段の危険性は承知していた。ただし、手すりについては建物の仕様であり、この建物では階段事故がないことから、設置を検討することはなかった。また、この階段は通常の建物と同様なものであることから、事故が起きたとしても大きなケガにならないだろうと考えていた。　（略）
・災害対策会議および災害報告により労働災害防止の対策を検討しているが、労働災害発生の要因を、被災者である作業者の注意不足等による不安全行動とすることが多く、対策は本人への注意および再教育と他部署への周知にとどまるという傾向が多く見受けられた。（略）
・毎月開催される安全衛生委員会は、労働災害の報告のみとなっており、安全衛生の問題や審議がなされていなかった。　（略）
⑤ その他
　転落現場付近の階段に設置されている滑り止めは、ほかよりも若干ではあるが厚さがある。被災者は片方の足が自分のもう片方の足に引っかかったと話していることから、この転落災害との関係は不明だが、滑り止めにつまずいた可能性も捨てきれない。　（略）

5．再発防止対策の提言（別添労働災害分析シート参照）

　　以下の提言は、本件の調査分析を行った結果から導かれたものであり、本件以外の危険を考慮したものではない。

① 　エレベーターを改修しスピードアップさせる。

② 　改修後は、階段は非常時のみに使用する。

　　　ただし、エレベーターの改修には時間がかかり、建物にはいくつもの会社が入居し3基のエレベーターを共用している。改修によっても待ち時間はある。移動の多くは上下の2階のため、非常時以外の使用を禁止することは困難であるし、エレベーターが使えない時や非常時は階段を使用することから、非常階段を使用することとした対策を③以下に記す。

③ 　階段の外側（壁側）にも手すりを設置する。

④ 　階段の手すり持ちをルール化する。

　　　社内ルールとすることで実施する根拠となる。

⑤ 　階段に通行区分をして上り下りを分ける。

　　　外側（壁側）に手すりが設置できない場合は右側通行にして下りを手すり側にする。

⑥ 　今回の階段事故の災害情報、対策を周知する。

　　　単に公表するだけでなく、各職場のミーティングやKY活動のテーマとして話し合い、自分たちの問題としてとらえられるようにして周知する。

⑦ 　階段は危険な場所であることを安全教育の中に含める。

⑧ 　階段に表示、自動音声器等で注意喚起する。

⑨ 　滑り止めの厚さを均一にする。

　　　転落付近の階段に設置されている滑り止めは、ほかよりも若干ではあるが厚さがある。被災者は片方の足が自分のもう片方の足に引っかかったとしていることから、この転落災害との関係は不明であるが、関係がないとは言い切れない。　　（略）

6．その他

① 　被災者の履いている靴は室内用にかかとが平らな靴であったが、当該階段の使用状況を見ると、かかとの高い靴を履いて利用している人がいた。業務上致し方ないであろうが、その場合はエレベーターを使用するようにしたい。　　（略）

7．災害調査分析チームメンバー

　　委員長　　○○　　外部委員　○○　　内部委員　○○、○○、○○、○○　　（略）

8．添付資料

　　見取り図、安全衛生管理規程、（略）

Ⅵ　対策の実施

　労働災害調査分析の役目は上記の報告で終了ですが、労働災害に関する責任者は、報告が反映されて再発防止が進められているかを管理します。

1．計画

　報告を受けた事業場の責任者は、再発防止対策を誰が何をいつまでに行うのか計画表を作成させ、責任者が進捗管理することを確認します。その後も計画どおりに進んでいるのかを必ずフォローしてください。

2．実施とその後

　再発防止対策を実施する部署で、計画どおりに進まない場合もあります。進まないのはそれなりの理由がありますので、責任者は担当者を一方的に責めるのではなく、障害となっている問題を取り除けるようフォローに努めます。労働災害防止対策を進めるのは、やる気があるなしだけではなく、周囲からの反発や消極的な反応が付き物だからです。計画した対策が実施できない場合は、実施計画を変更して次点の対策を進めます。なんとなくうやむやになって放置され、対策がなにも講じられないままにならないようにします。

　実施後の効果の確認のポイントは、再発していないか、危険が小さくなっているかどうかです。労働災害の場合、その後再発していないとしても、対策が実施された効果なのか、たまたまなのかわかりにくいという特徴がありますので、慎重に評価します。また、効果が見えなかったとしても間接的な成果を評価して継続や次の対策につなげていきます。

　PDCA（Plan：計画→ Do：実施→ Check：評価→ Act：改善）で進めることは重要ですが、できたか／できなかったか、やったか／やらなかったかと無機質な評価をすると、「やる気」を削いでしまいます。

Ⅶ　演習

　調査分析ができるようになるには、状況を想定して演習をすることが効果的です。ここでは2つの例を用意しました。調査分析では、聴き取り調査が重要であり、また難しいことから、聴き取り調査のシナリオを掲載しています。実際に起きた災害そのものではなく、演習用として作成したものです。労働災害分析シートはあくまでも記載例であり正解というものではないことをお断りしておきます。

労働災害分析シートの

時系列の事象	項目	1．物　Machine 不安全状態 材料、機械設備、安全装置、用具、保護具等	2．人 不安全行動（認知、 本人、	
1	① あるべき姿との違い			
	② なぜ違ってしまったのか			
	③ ②の背景にあるものは？			
2	① あるべき姿との違い			
	② なぜ違ってしまったのか			
	③ ②の背景にあるものは？			
3	① あるべき姿との違い			
	② なぜ違ってしまったのか			
	③ ②の背景にあるものは？			
4	① あるべき姿との違い			
	② なぜ違ってしまったのか			
	③ ②の背景にあるものは？			
5	① あるべき姿との違い			
	② なぜ違ってしまったのか			
	③ ②の背景にあるものは？			
6	① あるべき姿との違い			
	② なぜ違ってしまったのか			
	③ ②の背景にあるものは？			
7	① あるべき姿との違い			
	② なぜ違ってしまったのか			
	③ ②の背景にあるものは？			
8	① あるべき姿との違い			
	② なぜ違ってしまったのか			
	③ ②の背景にあるものは？			
要因（①あるべき姿との違い）				
背景（②なぜ違ったのか、③背景にあるもの）				
対策 本質的対策	危険源をなくす 安全な作業方法			
機械設備・技術	機械設備、工程、安全装置、基準値の変更など			
環境	照明、騒音、温湿度、スペースなど			
5E 教育・訓練	知識教育、意識教育、OJT など			
事例・模範	事例表示、事例発表、情報、水平展開			
強化・徹底	ルール、マニュアル、巡視、職場活動など			
重点実施対策				
備考				

様式例

Man		3．媒体　Media		4．管理　Management	
判断も）、やり方		環境の不備	情報収集・伝達の問題、	管理の不備	
周りの人（職場、業者、利用者）		空間、条件等	特に変更時	計画、ルール、教育、指導、配置、手順書、職場活動等	

演習１　階段から転落

このシナリオは演習用に作成したものであり、実際の災害ではありません。
図面、書類等は省略します。法令違反はないこととします。

１．状況

発生日時　１月13日（金）12：30　天気　晴れ　気温12度
発生場所　７階と８階の間の階段
被 災 者　A　年齢55歳　女性　社員　事務系管理職　業務経験５年
災　　害　転落　肩関節骨折
休業日数　20日
被災時の作業　階段の下降

概　　要　ビルの７、８階に入居している。会議の準備で不具合のパソコンを交換するため、共有部分である非常階段を８階から７階へ下りている時、中間の踊り場の下で足がもつれて転落した。

２．現地調査

（省略）

３．被災者からの聴き取り

聴き取り者　Ｘ
被　災　者　Ａ

⑴　導入

　忙しいところ時間をとっていただきありがとうございます。ケガの
具合はいかがですか。

　だいぶ良くなりました。

　何か不便なことがあったら遠慮なくおっしゃってください。

　はい、その時はよろしくお願いします。

　今日は先日お知らせしたとおり、発生した災害についてお聴きした
くて伺いました。よろしくお願いします。
　いろいろとお尋ねしますが、目的は同じような災害が二度と起きな
いようにするためです。被災者であるあなたや誰かを責めたり、処遇
が不利になることはありませんのでご安心下さい。
　調査分析後、報告書を作成します。原則社内扱いとしますが、外部
に公表する時は名前を伏せて個人が特定されないようにします。

　そうしてください。

　はい、約束します。再発防止のために事実を話していただき、ご協
力をお願いします。

　はい、どうぞ。

⑵ 事象に係る時系列の聴き取り

 　当日の様子をお聞きします。支障のない程度で結構です。当日の健康状態はいかがでしたか。

 　少し疲れ気味でした。でも、いつもそうなので災害とは関係ないと思いますよ。

 　よく眠れましたか。

 　まあ、ほどほどに。いつもどおりですね。

 　体調や気分はいかがでしたか。ふらつくとか、寒いとか熱いとか、気分が悪かったとか？

 　このヒヤリングを受けている今より気分は良かったです。

 　参りましたね、どうぞよろしくお願いします。

 　少し体がだるかったのですが、いつもそうですから。特にはありません。

 　関係しそうな状況を教えてください。

 　その日は午前中に１つ、午後に２つ会議がありました。午前中に終わる会議が延びて、お昼に掛かってしまいました。午後の会議は私の部署が主幹の会議なので、急いで準備を始めました。

 　午前中の会議は何時に終わりましたか？　そして午後の会議の始まりは？

12時20分頃だと思います。午後は1時開始です。

　延長している会議を止めたり、午後の会議の開始時間を遅くすることはなかったのですか。

　はい、ありませんでした。進行によっては時間で切れないことはありますし、度々あることです。40分あれば準備できると思いました。

　準備の具合は？

　部下と午後の会議の準備をしていましたが、社内の移動用に使っていた古いパソコンが何度も止まって焦りました。会場の準備は任せて、パソコンを交換するために私がそのパソコンを持って7階へ下りようとしました。午後の資料を取りに行かなければならなかったし…。

　階段で下りたのですか？

　はい、エレベーターは遅いし。1階だけですし時間もないので…。

(3) 現場確認

　転落した時の状況を詳しく知りたいので、一緒に現場を見に行きたいのですが、お体は大丈夫ですか。

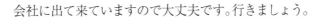
　会社に出て来ていますので大丈夫です。行きましょう。

　8階から、その時の状況や動作について教えてください。荷物は持っていましたか。

パソコンとハンドバッグを持っていました。

 どのような持ち方ですか？

ハンドバッグは右手に持ち、パソコンは両手で胸前
にかかえて ・・・。

 どんな靴を履いていましたか。

この靴です。

 ハイヒールでもサンダルでもない、一般的な室内靴ですね。

はい、いつも履いている、かかとが低い平らな靴です。

 メガネはどうしていましたか。

メガネは常にかけています。その時もかけていました。

 8階の階段扉が開いていますが、その時もですか。

はい、いつも階段の扉は開いています。しょっちゅ
う階段が使われるからでしょう。中間の踊り場まで階
段の内側（手すり側）を下りました。

 どんな下り方ですか？

急いでいたので速足でした。

 階段の手すりはどうしてたでしょうか、内側にだけありますが …。

右手にハンドバックを下げながら両手でパソコンを
持っていたので、左右とも手がふさがってました。そ
れに、普段から手すりは使いません。
　みんな手すりなんか持ちませんよ、だって普通の階
段ですよ。持つ決まりもないし！

そのあとは？

階段を下り始めると下から階段の同じ側（内側）を
上がって来る人がいたので、中間の踊り場で左（外・
壁側）に移動しました。

下から来た人は避けてくれなかったのですか。

私の方が先に気づいたようなので。上り優先でしょう。
踊り場の端付近ですれ違い、下り始めた時につまず
いて、7階まで落ちてしまいました。

下り始めたところは外側（壁側）ですね。

そうです。

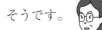

何段目から落ちたのですか？

踊り場から数えて1段下からだと思います。

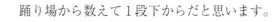

結構高さがありますね。何かにつまずいたのでしょうか？

自分の足だったと思います。どちらの足かはわかり
ませんが、片方の足がもう片方に引っかかったように
思います。

階段の滑り止めがその付近だけ、少し厚くなっています。それにつまずいたのかもしれませんが、どうでしょう？

いえ、違うと思います。

すれ違った人とぶつかったりはしませんでしたか。

いえ、ぶつかっていません。

下りる速さは？　走って下りたとか？

走ってはいません。下からの人を外側（壁側）によけた時は歩いていました。でも急いでいたので速足でした。パソコンの交換に時間がかかるかもしれないので・・・。

どんな落ち方でしたか。

頭を下にして落ちました。

受け身は？

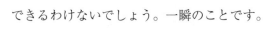できるわけないでしょう。一瞬のことです。

　今までに階段の使い方や危険について、決まりとか何か話しや注意はありましたか。

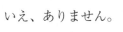いえ、ありません。

　落ちた後はどうしましたか。

痛くて動けませんでした。悲鳴で皆さんが駆けつけ
てくれて救急車で搬送されました。

　ありがとうございます。よくわかりました。怖かったことを思い出
させてしまってごめんなさい。

(4)　最後に

　この災害を分析して再発防止対策を進めていくのですが、何か気に
なることはありませんか。

　建物は自社ビルではないので、外側（壁側）に手す
りは付けられないのでしょう。つまずいた自分が悪い
といえばそれで終わってしまいます。ほかの人が私と
同じようなことにならないよう、是非有効な対策を講
じてください。
　また、管理職の私が言うのも変ですが、ケガをして
も報告しないで無理して仕事に出てはいないでしょう
か。そのため、ケガがもっと重くなっているように思
います。そこも今後考えてほしいと思います。

　ありがとうございました。状況がよくわかりました。関係する人た
ちにも聴き取りをしています。思い違いや気づいたことがあったら連
絡してください。再発防止にご協力いただきありがとうございました。

4. 設備管理者からの聴き取り

聴き取り者　Y

設備管理者　B

(1) 導入

　忙しいところ時間をとっていただきありがとうございます。今日は先日お知らせしたとおり、本社の非常階段で起きた転落事故で、階段の設備や安全管理についてお聴きしたく伺いました。

　いろいろとお尋ねしますが、目的は同じような災害が二度と起きないようにするためです。あなたや誰かが責められたり、処遇が不利になることなどはありませんので、是非ご協力をお願いします。調査分析後、報告書を作成します。

　原則社内扱いとしますが、外部に公表する時は名前を伏せて個人が特定されないようにします。

はい、わかりました。

(2) 設備について

階段についてですが、過去に改修などされたことはありましたか。

　いいえ、20 年ほど前に入居しましたが全て元々の構造です。

今までに何か問題があることはありませんでしたか？

　いいえ、階段は違法なものではありませんし、階段が老朽化しているわけでもありません。

　階段の手すりですが、内側だけに設置してあるのも入居時からですか？

そうです。

 　階段についてなにか気になることやオーナーに要望したことはありませんでしたか。

 　いいえ、ありません。片側なのはそもそもの構造だし、気にはなっていましたが、要望しても断られるだろうし・・・。交渉はけっこう大変なことです。

 　災害の当日とか、または最近の階段の状態はどうでしたか？　例えば階段の一部が破損していたりとか、何か変わったことや気になることはありませんでしたか。

 　特にありません。毎日出勤前の早朝に清掃会社が階段を掃除し警備の方も巡回していますが、異常の報告はありません。私もその日は、午前中に何度か使いましたが気になることはありませんでした。いつもどおりでした。

 　いつもどおりとは？

 　ずっと同じということ。階段、見てないの？

 　現場の確認はすでにしています。転落した付近の階段の滑り止めは、ほかよりも少し厚いように思いましたが？

 　つまずくような厚さではないと思います。ずっと前からそうです。

 　照明が少し暗いように感じましたが、どうでしょう？

節電のため蛍光灯をいくつか外していますが、明るさは問題ないと思います。しかし、窓がないのでちょっと暗いと感じる人がいるかもしれません。
それ、管理が悪いとでも言いたいの？

いいえ、そのようなことはありません。事実を知りたいだけです。

(3) 安全管理についての聴き取り

過去にこの階段で災害はありましたか？

いえ、ありません。でも、報告はありませんが、ケガまでは至らなくても落ちそうになったことはあったかもしれませんが・・・。

階段の危険性については意識していましたか？

他の支店などでは、玄関の階段で転落災害がありますので、危ない場所であることは承知しています。

対策はしていましたか？

「階段は注意して」と注意喚起を社内 LAN の掲示板に載せたことはあります。

いつ頃ですか？

2年ぐらい前だと思います。

そのあとは？

何も…。でも、この階段は特殊なものではないし、ごく普通の階段です。日常みんなが使用しています。ケガの報告もありませんので、これからも大丈夫だろうと思い、特に対策はしていません。…それじゃあ、私が悪いんですか？

 いいえ、そのようなことはありません。災害には要因があり、その要因にはいろいろな背景があります。それを一つひとつ見えるようにしていくことが重要です。
　気分を害したのでしたら謝ります。どうもすいません。二度とこのような災害が起きないようにするための聴き取りで、誰に責任があるかを見つける捜査ではありませんので、是非ご協力をお願いします。

ん－ん、まあ、わかりました。

 現地を見たところ、非常階段の扉が開けっ放しになっているのですが、理由はありますか？

　2階分程度の移動でしたらエレベーターを待って上下するよりも、非常階段を使った方が速いので多くの人がそうしています。あなただってそうしているでしょう。
　非常階段ですが、実際は通常使用する階段となっているので扉を開けています。開ける手間もなくなるし、開いた扉が向こう側にいる人にぶつからないようにそうしています。
　あと一つ、健康管理の面からも、階段をできるだけ使って上り下りしていただきたいということもあります。そう奨励しています。

 階段から落ちた音に気づき、迅速に救急搬送ができていたようですが…。

よくやってくれたと思います。実は、緊急時の対応
は、文書で伝えてはいますがフォローはしていません。
今後の課題として受けとめています。

管理されるうえでの理由やご苦労がよくわかりました。

(4) 最後に

　今後、この災害を分析して対策を講じていくのですが、何か気にな
ることはありませんか。

　階段に限らず、安全の確保は当社にとって重要なこ
とです。先日、参加した研修会でも労働災害のうち、
転倒、転落事故が非常に多いといっていました。今回
の災害では3週間ほどで職場復帰ができそうだと聞き
ましたが大きな事故です。打ちどころが悪かったら
もっと大きなケガになっていたかもしれません。私も
今回のことを重く受け止めて問題解決を図っていきま
すので、よろしくお願いします。

こちらこそどうぞよろしくお願いいたします。

報告書はでるのでしょうか。

　はい、報告書は来月に提出する予定です。もしお話しいただいた内
容に間違いや気づいたことがありましたら連絡してください。
　今日はお忙しいところありがとうございました。状況がよくわかり
ました。関係する人たちにも聴き取りをしています。ご協力いただき
感謝します。

5．労働災害分析シートの作成例　階段から転落

時系列の事象	項目	1．物　Machine 不安全状態 材料、機械設備、安全装置、用具、保護具等		2．人 不安全行動（認知、 本人、	
1　13：00の主催会議を準備	① あるべき姿との違い	パソコンが何度も止まった		・少し疲れ気味で少しだるかった ・焦っていた	
	② なぜ違ってしまったのか	古いパソコン		・いつも ・会議が12：20に終わり準備時間が40分しかなかった	
	③ ②の背景にあるものは？	社内移動用		・― ・パソコンの具合が悪かった	
2　8Fから階段で下りて7Fとの中間の踊り場に立った	① あるべき姿との違い	・すぐ来ないエレベーター ・建築基準法施行令第23条～第25条違反はないが内側だけに手すり ・扉が常時開		・ハンドバッグを右手にかけ、パソコンを両手で抱えた ・手すり側を速足で下りた ・手すりは持たなかった	
	② なぜ違ってしまったのか	・元からの備え付け ・元からの備え付け ・階段は常時使用		・パソコンを交換 ・急いでいた ・普段から手すりは使わない	
	③ ②の背景にあるものは？	・構造 ・構造 ・階段の方が速いので多くが使用		・自分が下に資料を取りに行くついで ・準備の時間がなかった ・みんな手すりは使わないので	
3　手すりのない側へ回り込んだ	① あるべき姿との違い	内側にだけ手すり		左側（手すりのない壁側）に移動した	
	② なぜ違ってしまったのか	構造		私の方が先に気づいた	
	③ ②の背景にあるものは？	―		上りが優先だと思った	
4　上から1～2段目の階段で足を引っかけた	① あるべき姿との違い	滑り止めがほかよりも厚い		・手すりのない側を速足で下り始めた ・片方の足で自分のもう片方の足を引っかけた	
	② なぜ違ってしまったのか	―		・急いでいた ・―	
	③ ②の背景にあるものは？	―		・パソコンの交換に時間がかかるかもしれない ・―	
5　一番下まで転落	① あるべき姿との違い	・踊り場まで階段が直線で続いていた ・転落を止めるものがない		―	
	② なぜ違ってしまったのか	構造		―	
	③ ②の背景にあるものは？	―		―	
6　左肩を打った	① あるべき姿との違い	階段の床面が硬い		受け身ができなかった	
	② なぜ違ってしまったのか	構造		一瞬のことだった	
	③ ②の背景にあるものは？	―		―	
要因（①あるべき姿との違い）		・すぐ来ないエレベーター ・非常階段の手すりが内側にしかない		手すりのない外側（壁側）を速足で下りた	
背景（②なぜ違ったのか、③背景にあるもの）		元からの備え付けで構造上そうなっている		遅れそうなので焦っていた	
対策 本質的対策	危険源をなくす 安全な作業方法				
機械設備・技術	機械設備、工程、安全装置、基準値の変更など	・エレベーターをすぐ来るように改修 ・階段の壁側にも手すりを設置		―	
環境	照明、騒音、温湿度、スペースなど	―			
5E 教育・訓練	知識教育、意識教育、OJTなど	―		安全教育を受ける	
事例・模範	事例表示、事例発表、情報、水平展開	―		―	
強化・徹底	ルール、マニュアル、巡視、職場活動など	―		・声かけ ・階段をテーマとしたミーティング、KYの参加	
重点実施対策		1．エレベーターを改修し迅速性を向上させ、通常の移動はエレベーターとし、階段使用は非常時のみとする。　2．上記の実施が困難な場合は次の対策を講じる。 ①階段の外側にも手すりの設置を要望する　②蛍光灯の全灯を要望する　③階段の手すり持ちをルール化する			
備考		エレベーターを迅速性のあるものに改修して通常の各階移動はエレベーターとして、非常時以外は階段を使用しないとしたが、近々に実現することがで			

66

Man	3.　媒体　Media		4.　管理　Management
判断も）、やり方	環境の不備	情報収集・伝達の問題、	管理の不備
周りの人（職場、業者、利用者）	空間、条件等	特に変更時	計画、ルール、教育、指導、配置、手順書、職場活動等
—	・午前中の会議が12：20に終わった ・13：00に主幹の会議が開始	—	・12：00をすぎても会議を止めなかった ・開始時間13：00を変更しなかった
—	・進行によっては時間が切れない	—	・進行によって時間で切れない ・40分あれば準備できる
—	度々ある	—	・度々ある ・—
手すりは持たない	（照度に違反なし。安衛則第604条、第605条）（暗い感じ）	・2年前に階段の注意喚起を社内LANの掲示板に載せた ・その後フォローはしなかった	・階段使用を奨励していた ・手すりが気になっていたが要望しなかった ・扉は常時開にした ・明るさも問題ないと考えていた ・2年前に社内LANで注意喚起、その後フォローはしなかった
—	蛍光灯のいくつかを外していた	・危ない場所と承知していた ・これからも大丈夫と思った	・健康によい　　　　・構造なので ・通常の階段扱いとした　・節電 ・大きな事故はないと考えていた
—	節電のため	・支店では階段事故があった ・ケガの報告はない	・エレベーターが来ない ・手すりを要望しても断られるだろうし交渉は大変なこと ・開ける手間を省き扉が人にぶつからないように ・今まで事故はなかった　・体力づくり
下から階段の内側を上がってきた	2と同じ		・2年前の注意喚起以外はしなかった
1，2階ならほとんどの人は階段を使う	2と同じ		・事故の報告はなかった
	2と同じ		・これからも大丈夫と思っていた
手すり側を上がった	2と同じ		・明るさは問題ないと考えている ・滑り止めの厚さの違いは問題ないと考えている
—	2と同じ		ずっとそうだった
	2と同じ		事故が起きていない
	（建築基準法施行令第23条～第25条に違反なし）	—	階段の危険はわかっていたが対策をしていなかった
—	—	—	（構造なのであきらめていた）
—	—	—	（事故が起きていない）
—	—	—	緊急時の対応は文書のみでフォローはしていない
—	—	—	
—	—	—	
—	暗い	2年前にLANで注意喚起しその後フォローしなかった	手すりが内側しかなく、手すりのない外側（壁側）を速足で下った。そして自分の足を引っかけた
	節電で蛍光灯をいくつか外した	ケガの報告がないので大丈夫とした。	今までに事故が起きていないことから事故は起きないだろうと考え対策を講じていなかった
—	蛍光灯を全部取り付ける	—	・エレベーターの改修をオーナーと交渉 ・手すりの設置をオーナーと交渉
—	階段を明るくする	—	・蛍光灯の全灯をオーナーと交渉
安全教育を受ける（従業員）	—	—	安全教育に階段の危険を加える
	—	・手すり持ちの表示 ・災害事例をLANに載せる ・上り下りの通行区分	・上り下りの通行区分を線引き ・表示や自動音声で注意喚起
・声掛け ・階段をテーマとしたKYの参加（従業員）	—	・階段事故と手すり持ちルールを関連づけて全部署でミーティングとKYを実施	・エレベーター改修後、非常時以外は階段を使用しない ・手すりを持つことをルール化 ・各部署でミーティング、KYを実施後に報告で確認

④上り下りの通行区分を決め線引きを要望する　　⑤階段の危険とルール化を関連付けた職場でミーティング、KYをする。
⑥階段に表示と自動音声で注意喚起をする

きないこと、故障や非常時には階段を使用し日常使用もあることから、非常階段を使用する対策も併せて考察した。

6．改善の事例　階段から転落

　エレベーターの改修について管理会社と協議しましたが、改修はしないこととなりました。よって階段の使い方の対策を講じることとしました。

(1)　非常階段の扉
　エレベーターの使用を促すため非常階段の扉は閉めることとしました。しかし、非常階段は非常時以外でも使用されるため、使用するならケガをしない使い方をすることとしました。

<table>
<tr><td align="center">改善前</td><td></td><td align="center">改善後</td></tr>
<tr><td>・扉は開放していました。</td><td></td><td>・エレベーターの使用を促すため扉は閉じることとしました。
・扉の先は見えないので、ノックをすることとしました。
・注意喚起の表示をしました。</td></tr>
</table>

フロアー側の扉

階段側の扉

(2) 手すり

・階段の内側に手すりがあります
が、外側に手すりはありません
でした。

・管理会社に階段の外側（壁側）に手す
りを設置することを要望し、外側にも
設置することができました。

(3) 表示

・共有部分のため注意喚起の表示
はしていませんでした。

・管理会社に許可を取り、注意喚起の表
示をしました。

内側　　　　　　　　　　外側（壁側）

踊り場

(4) 周知

・階段の注意喚起を掲示板に載せていました。

・掲示板への書き込み、従業員へのメール、そして各職場のミーティングで階段の危険について話し合ってもらいました。
・安全教育に階段の危険を入れ、KYのテーマとすることでフォローします。

演習2　熱湯で火傷

このシナリオは演習用に作成したものであり、実際の災害ではありません。
図面、書類等は省略します。法令違反はないこととします。

1. 状況

発生日時　6月3日（土）7：20頃　天気　小雨　室温25度

発生場所　加熱調理室

被 災 者　C　臨時職員　年齢30歳　男性　業務経験5年

災　　害　右前腕火傷

休業日数　2日

作　　業　食品加工作業後の床清掃　夜勤（0：00～8：00）

概　　要　フライヤーの油で汚れた床を清掃する際、煮沸釜のお湯をバケツで汲み
　　　　　取ったときに、バケツを煮沸釜の中に落とし右腕にお湯がかかって火傷
　　　　　した。

２．現地調査　（図面は省略）

⑴　フライヤーおよび脇の床

　油跳ね止めが10cmで短く、跳ねた油が床についていた。清掃後３日であったが、量はわずかであった。フライヤーの脇であり、通常作業者が入る部分ではない。

⑵　煮沸釜およびお湯

　大ザル等の器具を煮沸するのに使われる。煮沸後の温度は90度。煮沸釜は直径100cm、深さ60cmで煮沸釜にガタつきはなく、不具合はなかった。

⑶　作業スペース

　４ｍ四方が確保されスペースは十分と思われる。

⑷　お湯汲みに使用したバケツ

　ポリエチレン製で容量は12L。破損等の不具合はなかった。

⑸　勤務表、労使協定

　夜勤の２連続であるが、本人も了承しており労使協定に抵触していない。

３．被災者からの聴き取り

聞き取り者　Ｘ
被　災　者　Ｃ

(1)　導入

　　忙しいところ時間をとっていただきありがとうございます。ケガの
具合はいかがですか。

　　　　　　　　　　　　　　　　　　だいぶ良くなりました。

　　何か不便なことがあったら遠慮なくおっしゃってください。

　　　　　　　　はい、その時はよろしくお願いします。でも大丈夫
　　　　　　　　だと思います。

　　今日は先日お知らせしたとおり、発生した災害についてお聴きした
くて伺いました。よろしくお願いします。
　　いろいろとお尋ねしますが、目的は同じような災害が二度と起きな
いようにするためです。被災者であるあなたや誰かを責めたり、処遇
が不利になることはありません。

　　　　　　　　　　　　　　　　　　本当ですか？

　　はい、安心してください。再発防止のためにどうぞ事実を話してい
ただき、ご協力をお願いします。調査分析後、報告書を作成します。
原則社内扱いとしますが、外部に公表する時は名前を伏せて個人が特
定されないようにします。

　　　　　　　　　　　　　　　　　　わかりました。

(2) 事象に係る時系列の聴き取り

当日は何時頃に起床しましたか？

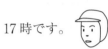
17時です。

よく眠れましたか。

6時間ぐらいで、まあいつもと同じです。

体調や気分はいかがでしたか。ふらつくとか、疲れているとか、気持が悪いとか？

別にありませんでした。

シフト表では連勤になっていましたが・・・。

前日と当日は夜勤でした。その前の日は休みでした。

何かストレスや悩み事などはありませんでしたか。

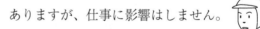
ありますが、仕事に影響はしません。

その日の床清掃について、指示や説明はありましたか。

ありませんでした。いつもの作業なので。

KYはしましたか。

しませんでした。

KYは作業前にすると思いますが、しなかったのですか？

いえ、朝礼では KY はしますが、この部分の床清掃
は私 1 人だけの作業です。1 人の時は KY をしません。

マニュアルは見ましたか？

あまり見たことはありません。そこにやり方が載っ
ているのかな。でも難しい作業ではありません。

作業のやり方や注意事項などが書いてありますが、やり方は誰から
習ったのですか。

いつかわかりませんが、リーダーの E さんなどから
教わったと思います。

（3）　現場確認

現場を見ながら聴かせてください。一緒に行きましょう。
当時の状況や作業の流れを教えてください。
服装はどうでしたか。点検はしましたか。

会社の指定どおりこの服装です。作業前準備で全員
確認しています。

業務の流れを教えてください。

全部ですか。

災害にかかわるかもしれないと思うところからで結構です。

床の清掃について話します。床清掃で使う道具を持ちこみました。床はお湯と洗剤を使って、ブラシでこすりますが、たまにしかやらないフライヤーの横の油汚れが堆積して黒ずんできたので、油を溶かすためにはもっと熱いお湯を使って落とそうと思いました。

たまにしかやらない理由はありますか。

人が踏み入るところではないですし、あまり汚れないからです。

もっと熱いお湯とは、どのお湯ですか。

通常の床でしたらシンクのお湯を使いますが、油なのでこの時はザルの煮沸消毒用の煮沸釜のお湯を使いました。煮沸した後で捨てるのはもったいないでしょう。通常の床清掃で使う清掃用シンクからのお湯は40度ぐらいでそんなに熱くないんです。

煮沸釜のお湯は何度ぐらいあるのですか

90度です。

熱湯ですね。どの洗剤を使ったのですか。

これです。

中性除菌洗剤ですね。それは誰から教わりましたか？

ほかの人が使っているのを見て、煮沸釜のお湯も使って･･･。私もそうしてました。

熱湯はどうやって汲んだのですか。

　　　　釜の熱湯をポリバケツでフチ近くまで入れて汲みました。いっぱい入れれば1回で済むので。バケツを持ち上げた時に重くてバケツを煮沸釜に落とし、熱湯が跳ねて右腕にかかりました。

熱湯は煮沸釜にどのくらい張っていましたか？

　　　　8分目くらいまで張っていたと思います。

どのくらいの量が手にかかったのですか。

　　　　300mL ぐらいの量だったと思います。

それは熱かったでしょう。

　　　　作業着と手袋の上からかかったためか、そのときは熱くなかったのでそのまま作業を続けました。でも、3分位たって痛みを感じたので、手袋をはずして見てみると手首が赤くなっていました。近くにいた人にそのことを伝えたらすぐに患部を流水で冷やすように言われてそのようにして、その後は氷を手首に巻いて冷やしました。

勤務終了近くですが疲れや焦りなどはありませんでしたか？

　　　　　　　　別に、そんなことはありません。

管理者には報告しましたか？

痛みが治まるかなと思いましたが、10分経っても治まらないので報告しました。すぐに受診するように指示され、受診しました。

職場にはいつ復帰しましたか？

２日休みました。

そうですか、災害の状況がよくわかりました。もし、話したことに、思い違いや気づいたことがあったら連絡してください。再発防止を図っていきますが、何か気になることはありますか？

不安全な行動をしてしまいました。マニュアルの内容が作業者までうまく伝わるようにしていただくとありがたいと思います。

ご協力いただきありがとうございました。

４．管理者からの聴き取り

聞き取り者　Y
管　理　者　D

(1)　導入

　　忙しいところ時間をとっていただきありがとうございます。
　　今日はお知らせしたとおり、発生した災害についてお聴きしたくて伺いました。よろしくお願いします。
　　いろいろとお尋ねしますが、目的は同じような災害が二度と起きないようにするためです。管理者であるあなたや被災者、関係者が責められたり、処遇が不利になることはありませんので、再発防止のためにどうぞご協力をお願いします。
　　また、調査分析後、報告書を作成します。原則社内扱いとしますが、外部に公表する時は名前を伏せて個人が特定されないようにします。

わかりました。

(2)　安全衛生の管理について

工場の安全衛生管理体制はどのようになっていますか。

　　工場長をトップとして安全管理者、衛生管理者、産業医を置いています。そのほか、職制の部長、課長を置いています。

安全衛生委員会は開催していますか。

もちろん工場長を委員長として安全衛生委員会があります。毎月開催しています。

 どのような内容が多いですか？

災害やヒヤリハット件数などの報告です。

 災害防止の問題提起や労働者の意見を聴き、災害防止対策の実施などを審議したりはしていますか。

そこまではやっていません。

 シフト表を見ると、被災者は夜勤が連続になっていましたが。

急な欠員の補充ができなくて。好ましくないと思いましたが、連続勤務をお願いしました。

(3)　作業前について

 作業前の朝礼で、作業指示や注意事項、KYを実施していましたか。

朝礼で注意事項、体操、KYをしました。もっとも各職場一緒なので、全体的な内容ですが・・・。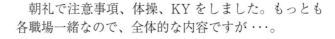

 作業指示はどうですか？

全体朝礼のあと、班ごとのミーティングの中でしています。でも、ルーチンワークは変化がないので、変更がなければ作業指示をしなくても可としていて、この日もそうでした。みんなベテランだし。必要な時にやればいいと考えてます。

KY はどうですか？

班ごとのミーティングでもやっています。

 1 人作業での KY はどうでしょう？

班ごとではメンバー共通のテーマでやりますが、1 人
作業の場合は本人に任せています。みんなベテランだし。

 指定した服装を着用していたようですが？

今回は火傷の災害でしたが、清掃時では火傷のこと
は考えていませんでした。火傷をするような熱い物は
取り扱いません。でも、熱湯を使ったんですよね。これっ
て違反じゃないですか。そこまで管理できませんよ。

 まあ、そうおっしゃらずに …。何が要因かはまだわかりません。
今回の災害の要因とその背景を洗い出して再発防止をしていきます。
誰も災害に遭いたい人はいません。なぜそのようなことをしたのか、
なぜそうなったのかを見つけるための聴き取りなので一つずつお話を
聴かせてください。

わかりました。

（4） 作業について

 フライヤーの横の油を取ろうとしましたが、どのくらいの頻度で清
掃することになっていますか。？

あまり足を踏み入れる所ではないので、黒ずんでき
たら清掃するようにしていました。毎日するほどでは
ありませんし大変でしょう。月 2、3 回程度です。

その時は作業指示をしてやってもらうのですね。

いえ、いつやるかは作業者の判断に任せています。みんなベテランだし。

そこの清掃は何を使ってどうやるのかは教えましたか？

職場のリーダーが教えています。たまにやる清掃といっても月数回あるし、何度も見て知っていると思ってました。

使用する洗剤についてもですか？

はい。洗剤は中性除菌洗剤と強力除菌洗剤の２種類を用意しています。用途に応じて変えています。洗うものによっては適さない洗剤があるので使い分けます。

教えたあと、そうしているか確認はしていましたか？

シフト中に２回職場を巡視しますが、そこをやっているタイミングに合うことはなく見ていません。違っていたら誰かが指導していると思っていました。

使用したお湯についてはどうでしょう？

煮沸釜のお湯を使っているとは知りませんでした。強力除菌洗剤なら清掃シンクのお湯で充分落ちますし、そうすることになっていますから・・・。

煮沸釜のお湯は最後まで入ったままですか？

煮沸消毒が終われば捨ててもかまいませんが、洗い物など、いろいろな使い道があるので最後に捨てることにしていました。有効利用、節約にもなりますし…。

（5）　被災後

災害発生からすぐに連絡はありましたか。

30分ぐらいしてから連絡がありました。

時間がたっているように感じますが…。

災害が発生したらすぐ連絡することを徹底していませんでした。

理由はありますか？

この職場のメンバーは、みんなしっかりしているので災害はないと思っていました。過去に一度も災害がありませんでしたし…。

（6）　最後に

ありがとうございました。最後に何かありますか。

ケガをさせないことが大事ですが、連絡や救急措置、受診が早ければもっとケガが軽くなってたかもしれないと思うと…。

お気持ちはよくわかります。
もし、思い違いや気づいたことがあったら連絡してください。
今日はお忙しいところありがとうございました。

５．作業リーダーからの聴き取り

聞き取り者　X
作業リーダー　E

　この職場で先日火傷の災害がありましたが、すこしお話を聴かせて
ください。
　再発防止を図るためで、Eさんは勿論、Cさんや管理者を責めたり責
任を追及するものではありませんのでよろしくお願いします。
　調査分析後、報告書を作成します。原則社内扱いとしますが、外部に
公表する時は名前を伏せて個人が特定されないようにします。

わかりました。

　フライヤーの油で汚れた床の清掃のやり方はマニュアルに載ってい
ますが、皆さんご覧になったことはありますか。

はい、やり方を習うときはマニュアルを使うので、
一度はみんな見ています。

この作業をする際はどうやって教わるのでしょうか。

マニュアルを見せて説明し、その後現場で実際にそ
の作業をやって見せて、一緒にやってもらって教えて
います。

Cさんを教えたのは？

私です。2年ほど前に教えました。

煮沸釜の熱湯を使用した際に火傷を負いましたが、何か気になることはありませんでしたか？

　　そのことなんですが、1年ぐらい前に、強力除菌洗剤が欠品となったことがありました。その時は、中性除菌剤を代用し、洗浄力を高めるために煮沸釜のお湯を使用したことがありました。それを見ていたのかもしれません。

　違ったやり方をしているかどうか気づいた方はいませんでしたか？

　　教えたとおりのやり方をしているかどうかは、初めの1カ月ぐらいは見てましたが、その後は確認していません。月2回ほどやりますが、フライヤーの脇の少しの部分なので、いっぱいに入れたバケツなら1回の汲み上げで終わりますので、ほかの人も気づいていないかと思います。

　ありがとうございました。大変参考になりました。

　　私、変なこと話したかもしれません。Cさんが不利になるようなことがないようにしてください。

　安心してください。不利とか有利とか、そういうことは全く関係ありません。同じ災害が繰り返されないようにするためです。ご協力に感謝します。

6．労働災害分析シートの作成例　熱湯で火傷

時系列の事象	項目	1. 物　Machine 不安全状態 材料、機械設備、安全装置、用具、保護具等	2. 人 不安全行動（認知、 本人、	
1 連勤になっていた	① あるべき姿との違い	―	2日続いての夜勤	
	② なぜ違ってしまったのか	―	上司に頼まれて承諾した	
	③ ②の背景にあるものは？	―		
2 作業前ミーティング	① あるべき姿との違い	―	・1人作業のKYをせずに作業に入った ・マニュアルは見たことがない	
	② なぜ違ってしまったのか	―	・1人作業ではKYをしない ・自分のやり方でやっている	
	③ ②の背景にあるものは？	―	難しい作業ではない	
3 服装確認	① あるべき姿との違い	火傷の保護具ではない	（指定された服装で問題ない）	
	② なぜ違ってしまったのか	火傷はない	―	
	③ ②の背景にあるものは？	熱い物を取り扱うことはない	―	
4 フライヤー脇の床が黒ずんでいることを見つけた	① あるべき姿との違い	油が飛ぶ	黒くなってから清掃した	
	② なぜ違ってしまったのか	油の跳ね止めが低い	熱いお湯を使おうと思った	
	③ ②の背景にあるものは？	フライヤーの仕様	油を落すために	
5 洗剤をまいた	① あるべき姿との違い	2種類の洗剤があった	中性除菌洗剤をまいた	
	② なぜ違ってしまったのか	用途による	いつもそうしていた	
	③ ②の背景にあるものは？	洗う物によって適、不適がある	ほかの人が使っているのを見た	
6 ザルの煮沸消毒用の煮沸釜のお湯をポリバケツで汲んだ	① あるべき姿との違い	煮沸釜に90度のお湯が8分目まであった	ザルの煮沸釜のお湯を使った	
	② なぜ違ってしまったのか	ほかでも使える	（煮沸釜のお湯は熱くて油が溶けやすい）	
	③ ②の背景にあるものは？	有効利用、節約	ほかの人が使っているのを見た	
7 バケツを落とし、お湯がかかった	① あるべき姿との違い	お湯がかかった	バケツを落とした	
	② なぜ違ってしまったのか	お湯が跳ねた	バケツのフチ近くまでお湯を汲んだ	
	③ ②の背景にあるものは？	バケツを落とした	バケツにいっぱい入れれば1回で終わる	
8 そのまま作業を続けた	① あるべき姿との違い	―	そのまま作業を続けた	
	② なぜ違ってしまったのか	―	熱さを感じなかった	
	③ ②の背景にあるものは？	―	（災害発生時の連絡を知らなかった）	
要因（①あるべき姿との違い）		①油が跳ねる ②90度の煮沸釜のお湯 ③強力除菌剤と中性除菌剤があった	・中性除菌洗剤を使った ・煮沸釜のお湯をバケツで汲んだ ・すぐに報告しなかった	
背景（②なぜ違ったのか、③背景にあるもの）		①フライヤーの油跳ね止めが低い ②最後まで残されていた ③用途によって使い分けるため置いていた	・油を溶かそうとした ・災害発生時の連絡を知らなかった	

<table>

対策	本質的対策	危険源をなくす 安全な作業方法		
	機械設備・技術	機械設備、工程、安全装置、基準値の変更など	フライヤーの油跳ね止めを高くする	―
	環境	照明、騒音、温湿度、スペースなど	―	―
5E	教育・訓練	知識教育、意識教育、OJTなど	―	・床の油清掃のやり方の教育を受ける ・災害発生時の対応の教育を受ける
	事例・模範	事例表示、事例発表、情報、水平展開	―	―
	強化・徹底	ルール、マニュアル、巡視、職場活動など	―	・3カ月ごとにやり方の確認を受ける ・1人でもKYを行う
重点実施対策		①フライヤーの油跳ね止めを高くする。それまではオイルシートを敷く。②フライヤー横は日常清掃に含める。③作業手順書を作成して作業指示をする。		
備考				

Man	3. 媒体　Media		4. 管理　Management
判断も)、やり方 周りの人（職場、業者、利用者）	環境の不備 空間、条件等	情報収集・伝達の問題、 特に変更時	管理の不備 計画、ルール、教育、指導、配置、手順書、職場活動等
—	欠員	—	（夜勤、日勤の連続は労使協定を確認）連続勤務をお願いした
—	急な欠員	—	人手が足りなかった
—	—	—	欠員の補充ができなかった
—	—	作業指示、KY がなかった	・作業指示はしなかった ・1人作業では KY をしない
—	—	—	・ルーチンワークは変化がない ・1人作業は本人任せにしていた
—	—	—	みんなベテランだし必要な時にやればいいと考えていた
—	—	—	服装は火傷を想定していなかった
—	—	—	清掃時の火傷はないと考えていた
—	—	—	熱い物や火を取り扱うことはない
—	油汚れが床に堆積して黒ずんでいた	—	・フライヤー脇の床についた油は、黒ずんできたら掃除でよいとしていた。月2、3回 ・いつやるかは作業者に任せていた
—	—	—	・あまり足を踏み入れる所ではない ・みんなベテラン
—	—	—	毎日だと大変だろうと思った
中性除菌洗剤を使ったことがあった	—	強力除菌洗剤とシンクのお湯、中性除菌洗剤とシンクのお湯の2通りあると伝わった	・正しいやり方はリーダーが教えたが、そうしているかの確認はしていなかった ・1カ月は見ていたが、その後は誰も確認していない
強力除菌洗剤が欠品の時	—	中性除菌洗剤と煮沸釜の熱湯を使ったことがあった	・知っているし、やっている思っていた ・2、3分で終わってしまう
—	—	強力除菌洗剤が欠品になった	
煮沸釜のお湯を使ったことがあった	・清掃シンクのお湯 40 度 ・煮沸釜のお湯 90 度	強力除菌洗剤とシンクのお湯、中性除菌洗剤とシンクのお湯の2通りあると伝わった	・煮沸釜のお湯は最後に捨てることとしていた ・煮沸釜のお湯を使用していることを知らなかった
強力除菌洗剤が欠品の時	用途ごとの温度	中性除菌洗剤と煮沸釜の熱湯を使ったことがあった	・いろいろな使い道があることを承知していた ・強力除菌洗剤と清掃シンクのお湯で充分落ちるから
—	—	強力除菌洗剤が欠品になった	・有効利用や節約になると考えた ・このようなやり方をするとは考えなかった
煮沸釜のお湯を使ったことがあった	—	—	火傷まで考えていなかった
強力除菌洗剤が欠品の時	—	—	清掃時には火傷はない
—	—	—	火傷するような熱い物は取り扱わない
冷やすように言っただけだった	—	被災から連絡まで 10～30 分位かかった（被災者は 10 分、管理者は 30 分と話している）	災害発生時の対応を徹底していなかった
（大丈夫と思った）	—	・冷やしていた ・誰も連絡しなかった	この職場は災害はないと考えていた
（災害発生時の連絡を知らなかった）	—	・痛みが治まるだろうと思った	みんなしっかりしていて過去に災害がなかった
・中性除菌洗剤と蒸気釜のお湯を使ったことがあった ・通報しなかった	油汚れが堆積	・2 通りのやり方があると伝わってしまった ・被災時の連絡が遅い	・作業の正しいやり方をしていることの確認をしていなかった。 ・災害時の連絡を徹底していなかった
・強力除菌洗剤が欠品の時 ・災害発生時の連絡を知らなかった	たまにしか掃除しない	・中性除菌洗剤と煮沸釜のお湯を使ったことがあった ・災害時の措置を知らなかった	・知っているものとしていた ・過去に一度も災害がなかった
—	・油跳ね止めを高くする ・オイルシートを敷く	—	・フライヤーの試行をして効果と改善を進める ・できるまではオイルシートを敷き毎日交換する
—	こまめに油を取る	—	フライヤー脇の床も日常清掃とする
・床の油清掃のやり方の教育を受ける ・災害発生時の対応の教育を受ける	—	—	・正しいやり方を OJT で教育する ・災害発生時の措置を作業者全員に教育する
—	—	使用制限を表示	・清掃シンク、煮沸釜に使用制限を表示をする
—	—	・期間があいた作業は作業前に指示 ・作業手順書を作成 ・災害時の連絡方法を周知	・作業手順書を作成して作業前に指示する ・3 カ月ごとにやり方を確認する ・1 人作業でも KY を行うことを明確にする
④3カ月ごとにやり方を確認する。⑤煮沸釜に使用制限を表示する。⑥災害発生時の連絡方法を全員に教育する。⑦期間があいた作業。			

7．改善の事例

　フライヤーの油跳ねをなくす、またはフライヤーの油が跳ねて外に飛び散らないようにするためのハード対策として、フライヤーを隔離したり、油跳ねガードを高くするなど試行をしていますが、作業性、メンテナンス等の問題があり、解決にまだ時間がかかる状況です。それまでは管理の対策を先行して進めています。

⑴　フライヤーの油の跳ね
　外側に油が飛び跳ねることを前提として清掃の頻度と正しいやり方の伝え方の対策を講じました。

改善前

床が油で黒ずんできたら清掃することとしていました。

改善後

日常清掃とし、３直の加工作業後は毎日清掃することとしました。

作業のやり方は伝えていましたが、そのとおりに行っているかどうかフォローをしていませんでした。

作業手順書とマニュアルを、ミーティング場所に置いてすぐ見られるようにしました。また、３カ月ごとにリーダーが正しいやり方を確認または指導し、課長に報告することとしました。

⑵　煮沸釜
　煮沸釜のお湯は使用制限を設けることとしました。

残ったお湯の使用に制限はありませんでした。

熱湯は危険物とし、使用できる業務を決めて煮沸釜の正面に表示しました。災害事例をもとにグループミーティングで話し合ってもらいました。

⑶　災害発生時の対応

適切に対応できるように教育をしました。

災害発生時の対応について教えていませんでした。	被災者の保護、応急措置、通報など、被災者や災害発生に気づいた人の対応について、作業者全員が受講できるように複数回の短時間のセミナーを実施しました。

おわりに

　誰も労働災害を起こそうとして被災しているわけではありません。事故を起こした人や関係者が「悪者にされている」と感じてしまうと、本当の話がでてきません。それでは事故の背景がみえず、再発防止につながりません。労働災害には、設備・機械、ルール、作業のやり方・させ方、人間関係など様々な要因があります。要因とともに、そうなった理由や背景まで掘り下げ、管理の問題にも迫る労働災害調査分析は、時として組織の痛みを伴います。しかし災害の教訓を活かしてより安全な職場を築くためには事実と向き合うことが重要です。一方的な見方や耳ざわりがよい報告、とりあえずの安易な内容で終わらせては、再発防止はできません。多角的に災害を捉える災害調査分析で、ぶれない判断と自信を持った対策を実施してください。二度と痛い経験をさせないために。

　本書の制作にあたり、株式会社ジェイアール東海パッセンジャーズにご協力をいただきました。厚く感謝申し上げます。

畑　英志

■参考文献■

「院内事故調査の手引き」一般社団法人日本病院会　平成 27 年

「管理的要因を考慮した災害分析手法に関する調査研究報告書」中央労働災害防止協会　平成 18 年

厚生労働省委託事業「建設業職長等指導力向上教育研修会テキスト」㈱建設産業振興センター　平成 28 年

巻末資料

・**労働災害原因要素**（厚生労働省「労働災害原因要素の分析」より）

【機械や物の主な不安全状態の例】

物自体の欠陥	設計不良＊ 構成材料の欠陥＊ 組立、工作の欠陥＊ 老朽、疲労、使用限界＊ 整備不良＊ 法面の欠陥＊ その他＊
防護措置・安全装置の欠陥	無防護＊ 防護不十分＊ その他
物の置き方、作業箇所の欠陥	通路が確保されていない 作業箇所の間隔空間の不足 機械、装置、用具、什器の配置の欠陥 物の置き場所の不適切 物の積み方、置き方の欠陥 その他
保護具・服装等の欠陥	はき物を指定していない＊ 手袋の使用禁止をしていない＊ 保護帽を備えつけていない＊ 墜落制止用器具を備えつけていない＊ その他保護具を指定していない＊
作業環境の欠陥	照明の不適当＊ 有害物のガス、蒸気、粉じん＊ その他の作業環境の欠陥＊
部外的・自然的不安全な状態	物自体の欠陥（部外の） 防護措置の欠陥（部外の） 物の置き方、作業場所の欠陥 （部外の） 作業環境の欠陥（部外の） 交通の危険 自然の危険
作業方法の欠陥	不適当な機械、装置の使用 不適当な工具、用具の使用 作業手順の誤り 技術的、肉体的な無理 安全の不確認（以前の） その他
その他及び不安全な状態がないもの	その他の不安全な状態 不安全な状態がないもの
分類不能	

【労働者の主な不安全行動の例】

安全装置等を無効にする	安全装置をはずす、無効にする 安全装置の調整を誤る
安全装置の不履行	
不安全な放置	
危険な状態を作る	
機械、装置等の指定外の使用	欠陥のある機械、装置、工具、用具等を用いる 機械、装置、工具、用具等の選択を誤る 機械、装置等を指定外の方法で使う 機械、装置等を不安全な速さで動かす
運転中の機械、装置等の掃除、注油、修理点検等	運転中の機械、装置の＊
保護具、服装の誤り	
危険場所等への接近	その他の不安全な場所へのる＊
その他の不安全な行為	道具の代わりに手などを用いる＊ 確認しないで次の動作をする＊ 手渡しの代わりに投げる＊ 飛び下り、飛びのり＊
運転の失敗（乗物）	スピードの出し過ぎ＊
誤った動作	
その他及び不安全な行動のないもの	その他の不安全な行動 不安全な行動のないもの
分類不能	

（注）＊を付した項目は、その上位項目中代表的なものである。

・労働者死傷病報告

　労働中に従業員が、負傷または中毒や疾病にかかったことにより、死亡もしくは休業した場合には、全て「労働者死傷病報告」を所轄の労働基準監督署長に遅滞なく提出しなければなりません。(労働基準法施行規則第57条)(労働安全衛生規則第97条)

　提出するのは、死傷病の労働者本人ではなく、所属する事業場の事業者です。

なぜ必要か

　労働者死傷病報告は、労働災害統計の作成などに活用されており、提出された労働者死傷病報告をもとに労働災害の原因の分析が行われ、同種労働災害の再発を防止するための対策の検討に生かされるなど、労働安全衛生行政の推進や、労働基準監督署が再発防止対策を進めるための指導に役立てられています。

報告しないとどうなる

　労働者死傷病報告の提出が遅延した場合は、行政指導を受けたり、故意に提出されなかった場合は「労災かくし」として犯罪捜査されることもあります。

報告書

　休業4日以上と未満では提出の仕方が違います。

① 死亡又は休業見込み日数が4日以上の場合

　労働者死傷病報告(様式第23号)を遅滞なく(災害の発生からおおむね2週間以内)に提出します。

　労働者死傷病報告(休業4日以上)については、厚生労働省のホームページにある「労働安全衛生法関係の届出・申請等帳票印刷に係る入力支援サービス」で作成できますが、オンラインではありませんので印刷して書面で提出します。

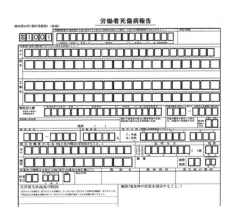

（ブラウザの検索窓から「安全衛生入力支援」と入力し、厚生労働省の労働安全衛生法関係の届出・申請等帳票印刷に係る入力支援サービスを選びます。または https://www.chohyo-shien.mhlw.go.jp/ を直接入力）

② 休業見込み日数が１日から３日の場合
労働者死傷病報告（様式第 24 号）は、四半期ごとの報告（１月から３月発生分は４月末日まで、４月から６月発生分は７月末日まで、７月から９月発生分は 10 月末日まで、10 月から 12 月発生分は翌年の１月末日まで）となります。

また、労働災害再発防止対策書の提出を求められる場合もあります。
ブラウザの検索窓から「労働災害再発防止対策書」と入力し、厚生労働省の HP に入ります。業種によっては記載例もあります。

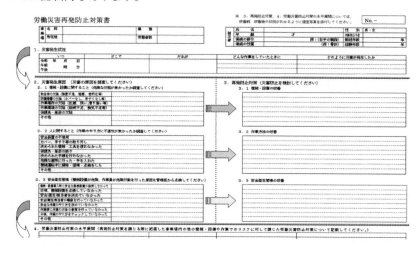

（厚生労働省ホームページより）

■著者紹介■

畑　英志　安全教育企画

中災防安全衛生エキスパート（元中央労働災害防止協会ゼロ災推進センター所長）

主な著書

『職場の"あぶない"がひと目でわかる！　危険マップをつくろう』（中央労働災害防止協会 令和3年）など。

悲劇を繰り返さないための
労働災害調査分析の手引き　　4Mの基礎から演習まで

令和5年5月26日　第1版第1刷発行

著　者　畑　英志
発行者　平山　剛
発行所　中央労働災害防止協会
　　　　東京都港区芝浦3-17-12　吾妻ビル9階
　　　　〒108-0023
　　　　電話　販売　03（3452）6401
　　　　　　　編集　03（3452）6209

印刷・製本　㈱丸井工文社
表紙デザイン　㈲デザイン・コンドウ
本文イラスト　田中　斉